AI 시대 대한민국 교육 변혁

미국 교육을 통해 한국 교육 현장을 보다

AI 시대
대한민국
교육 변혁

미국 교육을 통해 한국 교육 현장을 보다

박형빈 지음

한국학술정보

다시, 교육을 생각하다

"AGI 시대, 기교보다 '기본에 충실한 교육'을 지향하며"

교육은 개인의 번영과 사회 발전의 핵심 동력이다. 한 개인에게 교육은 단순한 지식과 기술의 전달을 넘어, 자아실현과 직업 준비를 위한 견고한 토대를 제공한다. 우리는 교육을 통해 온전한 인간으로 성장하며, 자신의 잠재력을 최대한 발휘할 수 있게 된다. 사회적 차원에서 교육의 역할은 더욱 광범위하다. 교육은 인적 자본의 질적 향상을 통해 사회 전반의 생산성을 제고하고, 지속 가능한 발전의 기반을 공고히 한다. 더불어 교육은 사회 통합의 촉매제 역할을 한다. 다양한 배경을 가진 구성원들 간의 상호 이해와 존중을 증진시키며, 공동체 의식과 연대감을 강화하는 데 기여한다. 교육은 개인과 사회의 번영을 위한 필수불가결한 요소이며, 인류는 교육을 통해 더 나은 삶을 영위할 뿐만 아니라, 보다 나은 세상을 창조할 수 있는 힘을 얻는다.

한국의 교육 시스템과 교사의 수준은 세계적으로 높은 평가를 받고 있다. 한동안 교사라는 직업의 인기도 매우 높았다. 교육부와 한국직업능력연구원의 '2023년 초중등 진로교육 현황조사' 결과에 따르면 중학생과 고등학생 모두 1순위로 교사를 선택했다(교육부, 2023). 우수한 인재들의 교직 선택은 교사의 질적 수준을 높여왔고, 이는 우리나라 교육의 전반적인 수준 향상으로 이어졌다. 교육은 대한민국 발전의 원동력이 되었으며, 이는 교단을 굳건히 지켜온 교사들의 헌신적인 노력 덕분임을 간과할 수 없다. 그러나 이러한 성과에도 불구하고, 우리 교육의 현주소는 어떠한가?

초저출산 문제가 심화되면서 교대의 위기론이 제기될 만큼 교사 양성에 큰 지각변동이 일고 있다. 더욱이 학령인구 감소, AGI 시대 도래, 산업 발전에 따른 사회 가치관의 급격한 변화는 교육 현장에서 교사의 권위를 존중하는 문화마저 쇠퇴시켰다. 이는 교사직을 극한 직업으로 내모는 실정에 이르렀다. 한때 최고의 직장으로 각광받던 교직은 가파른 속도로 그 열기가 수그러들고 있다. 최근 교대의 미등록자나 중도 탈락자 수의 증가세는 이러한 현상을 반영한다.

그러나 이러한 문제는 단순히 교대나 사대만의 것이 아니다. 이는 우리나라 교육의 위기를 여실히 대변할 뿐만 아니라 우리 사회의 위기를 선명하게 드러낸다. 교육의 질 저하는 사회 불평등을 심화시키고 사회 발전을 저해한다는 점에서 주목해야 한다. 다시 말해, 작금의 교단의 간두지세(竿頭之勢)는 학교의 위기를 넘어 대한민국의 불투명한 미래와 직결된다. 왜 그럴까?

교육의 위태로운 상황이 한 나라의 흥망성쇠(興亡盛衰)와 연결되는 이유는 주로 두 가지 측면에서 찾을 수 있다. 첫째, 교육은 한 나라의 인적 자원의 품질을 결정하는 중요한 요소이다. 교육의 질이 높으면 국민들의 전문성과 기술 수준이 향상되며, 이는 국가 경쟁력에 직접적인 영향을 미친다. 둘째, 교육은 사회적 불평등을 줄이고 사회 안정성을 높이는 견인차 역할을 한다. 공교육의 질이 저하될수록 경제적, 지역적, 사회적으로 불리한 위치에 놓인 학생들은 계층 이동의 기회를 박탈당하게 된다. 이러한 교육 불평등이 심화될수록 사회 갈등과 불안은 증가하며, 결과적으로 사회 안정성에 악영향을 미친다.

우리는 대한민국의 교육을 점검하고 재정비하며 발전시켜야 하는 중요한 기로에 놓여있다. 교육의 본질을 되새기고 기초를 다지는 작업이 절실한 시점이다. 우리 교육과 학교 현장의 문제점을 진단하고 그 해결책을 모색하는 것이 시급하다. 이러한 맥락에서, 문화마다 풍토와 정서의 차이가 존재함에도 불구하고, 미국 학교 현장의 몇몇 특이점들은 우리의 학교 현장에 많은 시사점을 제공한다. 수지오 교장 선생님과의 인터뷰는 한국 교육에 대한 나의 문제의식과 의문을 해소하는 데 큰 도움이 되었다. 이 책은 교육의 본질과 현장에 대한 깊은 고민을 담고 있으며 AGI 시대, 초저출산, 초고령화 시대를 맞이하여 우리 교육이 나아가야 할 방향을 모색하고 있다.

이 책은 크게 5부로 편성되어 있다. 제1부는 '교육, 우리 모두의 미래를 위한 희망'을 주제로 다룬다. 1. 교육이라는 이름의 전차, 2. 선생님, 그 위대한 존재, 3. 학교 교육은 공공재인가 서비스인가라는 3개의 장으로 구성되었다.

제2부는 '우리는 어디로: 생성 AI와 초저출산, 초고령화 시대, 우리 교육이 나아갈 길'을 다룬다. 구체적으로 1. 교사가 살아야 교육이 산다: 교육이 가능한 교실로의 회복, 2. 교육 재설계, 교육 본질을 향한 투쟁: 우리 모두를 위한 교육으로의 대전환, 3. 학교의 존재 이유와 교육4주체의 역할: 권리와 책임 그리고 합리적 권위, 4. 공교육 정상화의 첫걸음: 교사의 합리적 권위 회복, 5. 행복한 교사가 만드는 행복한 학생: 공교육 해체를 막기 위한 마지막 탈출구, 6. 생성 AI시대 주도권을 가진 교사와 보조도구로서의 AI 디바이스: 단순 암기, 추론 능력을 넘어 메타 인지 키우기, 7. 교육이라는 기간산업(基幹産業): 초저출산, 인구절벽, 고령화 사회 대응 핵심 솔루션의 7개의 장으로 구성되었다.

제3부는 'AI 디지털 교과서의 명암(明暗): 디지털 시대, 아날로그 교육의 장점 극대화를 위한 전략'을 주제로 다룬다. 세부 항목은 1. 아동의 뇌발달과 아동 및 청소년의 AI 디지털 기기 사용에 따른 영향, 2. AI 디지털 기술과 현대 교육의 변혁: AI 디지털 교육의 한계와 가능성, 3. AI 디지털 교과서 활용을 위한 전제 조건의 3개 장으로 형성되었다.

제4부는 '지식교육만큼 중요한 정서교육, 우리는 무엇을 어떻게 해야하나?'를 주제로 삼는다. 세부 내용으로는 1. 지능의 다차원: 이성적 지능과 사회정서 지능, 2. 사회정서학습과 아이들의 사회정서를 높이는 유용한 방법, 3. IQ를 넘어 EQ(감성지능)와 MQ(도덕지능)를 높이는 교육으로의 진화, 4. 학부모교육은 왜 중요하며 우리는 무엇을 해야 할까, 5. 아이들과 국가를 살리는 묘책: 애착 기반의 '관계형성'이라는 마법의 5개 장으로 구성되었다.

제5부는 '한국교육이 미국 교육에 묻다: 수지오 교장 인터뷰'를 소재로 다룬다. 수지오 교장선생님과의 인터뷰 형식으로 진행된 대담 내용을 토대로 미국교육의 특징, 체제, 방법 등을 7개의 장으로 나누어 살펴본다. 세부 주제는 1. 교육 목적, 특징, 체계 그리고 장단점, 2. 교육 방식과 학생 평가, 3. 교사의 자격, 연수, 급여, 4. 교사와 학부모와의 소통: 학부모 민원 및 갈등 처리, 5. 문제 행동 학생에 대한 대처, 6. 한국교육과 미국교육의 차이점, 7. 미국의 교육 현장: 워키토키가 인상적이었던 미국 학교의 교장 선생님들을 담았다.

이 책은 대한민국 교육을 미시적, 거시적 관점에서 동시에 다루고 있다. 마이크로 접근으로는 학생, 교사, 학교 환경 등 개별 요소가 교육에 미치는 영향을 분석했다. 매크로 접근으로는 교육 현상을 더 큰 사회적, 정치적 맥락과 시스템적 관점에서 살펴보았다. 구체적으로 이 책은 다음 두 가지 측면에 초점을 맞추었다. 첫째, 매크로 관점으로 교육 시스템 전체를 포괄적으로 분석하여 교육의 사회적 기능과 목적을 고찰했다. 이는 교육 제도나 정책에 대한 장기적이고 포괄적인 개선을 모색하는 데 기여한다. 둘째, 마이크로 관점으로 학교 수업 현장에서 교사, 학생, 교장, 학부모의 역할을 세밀히 탐구했다. 또한 AI 디지털 교과서(AIDT)의 교육적 장단점을 고찰했다. 이는 교육 현장의 직접적인 개선을 위한 작은 변화를 이끌어내는 데 중점을 둔다. 이러한 이중적 접근을 통해 이 책은 대한민국 교육의 전반적인 모습을 종합적으로 조망하고 있다.

우리는 교육이 권의지계(權宜之計)에서 벗어나 교육백년지대계(敎育百年之大計)로 자리매김하고, 개인과 국가의 번영을 위한 든든한 토대로서 그 역할을 충실히 감당할 수 있는 길을 강구해야 한다. AI 기술의 광풍과 결코 녹록치 않은 현 교육 현장을 직시하는 이 시점에서, 이 책이 우리나라 교육에 대해 진지하게 되돌아보고 한 단계 도약하는 발판을 마련하는 계기가 되기를 희망한다. 끝으로, 이 책의 출판을 위해 많은 노고를 아끼지 않으신 한국학술정보(주) 출판사 관계자 여러분께 깊은 감사의 말씀을 드린다.

서초동 연구실에서
박형빈

▶ 목 차

제3부　　**AI 디지털 교과서의 명암(明暗): 디지털 시대,
아날로그 교육의 장점 극대화를 위한 전략**

제1부

교육,
우리 모두의
미래를 위한 희망

01

교육이라는
이름의 전차

"정의를 원하는가? 그렇다면, 교육을 바로 세워라!"

우리는 모두 정의로운 사회를 바란다. 개인, 사회, 문화에 따라 정의의 의미가 다소 상이할 수 있지만, 정의로운 사회에 대한 인간의 갈망은 보편적이다. 그렇다면 정의로운 사회는 구체적으로 어떤 모습일까? 철학적 관점에서 정의(Justice)는 다양하게 해석되어 왔다. 일반적으로 정의는 공평하고 공정한 대우, 법과 제도의 불편부당한 운영, 모든 개인이나 집단에 대한 평등한 기회 제공 등을 의미한다. 분배적 정의의 관점에서 보면, 정의는 자원을 분배할 때 어떻게 하는 것이 공정한가와 관련된다. 이는 인간에 대한 동등하고 공평한 대우를 기본 척도로 삼기에 사회적 약자에 대한 배려를 요구한다. 교육은 개인과 사회의 중요한 자원이다. 따라서 교육에 대한 접근과 그 수준은 정의롭게 이루어져야 한다. 즉, 교육은 모든 개인에게 평등한 기회와 자원으로 제공되어야 한다. 분배적 정의의 관점에서 교육이 모든 계층에 공평하게 제공되면, 사회적 불평등을 감소시키고 공정한 사회 질서를 유지할 수 있기 때문이다.

우리 교육 상황에 눈을 돌려보자. 지금 대한민국의 교육은 과연 안녕한가? 한국 교육의 현주소는 최근 언론 보도를 통해 여실히 드러나고 있다. 저출산으로 인한 학령인구 감소, 교대·사범대 중도탈락률 증가, 교직 인기 하락, 교사 업무 부담 가중, 교권 약화, 교대 존폐 논란 등이 일상적 화제가 되었다. 교사들은 학부모 민원과 무고성 아동 학대 고소 위험, 교권 하락으로 인한 학생 지도의 어려움, 과도한 행정 업무 등을 호소한다. 심지어 교실에서 기본적인 생활지도조차 어렵다고 토로한다. 그러나 이러한 우려와 위기가 단순히 교사나 교육계만의 문제일까? 나는 한국 교육 현장의 위기가 곧 우리 사회 전체의 문제라고 본다. 이러한 상황에 대한 책임에서 우리 모두가 자유로울 수 없다. 아니, 자유로워서는 안 된다고 생각한다. 그 이유는 무엇일까?

교대의 위기나 교권 하락 문제에 대해 많은 사람들은 자신과 무관하거나 직접적 피해가 없다고 여겨, 교육계를 염려하기보다는 가십거리로 치부하는 경향이 있다. 그러나 이러한 문제들이 정말 강 건너 불구경에 불과한 것일까? 나는 이런 현상과 태도가 매우 위험천만하다고 본다. 예를 들어, 교권 하락은 학생의 학습권과 밀접하게 연관되어 있다. 교사의 권위는 학생들이 적절한 교육을 받고, 공정하게 평가받으며, 학업 성취의 기회를 확보하는 데 핵심적인 역할을 한다. 교사의 권위는 학교 내 규율 유지, 원활한 수업 진행, 학생들의 학습 몰입과 학업 성취 극대화에 필수적이기 때문이다. 학생들이 교사를 존중하고 그 지도를 신뢰할 때, 수업 분위기가 개선되고 학업에 대한 긍정적 태도가 형성된다. 주목해야 할 점은 교사와 학생의 문제가 우리 교육 문제와 직결되며, 나아가 대한민국의 미래와도 긴밀히 연관된다는 사실이다. 교육은 개인의 성공과 실패를 좌우하는 것과 마찬가지로, 한 나라의 융성과 쇠퇴를 결정짓는 가장 중요한 요인이기 때문이다.

학교에서 교사가 학생을 제대로 교육하기가, 적절하고 적합한 훈육을 하기가 어려워진다면 어떻게 될지 상상해 보자. 교사의 주된 책무는 학생을 교육하는 것이다. 물론 교육자로서의 교사에게 때로 보육자로서의 역할이 덧입혀지기도 한다. 그러나 엄밀한 의미에서 볼 때, 대한민국의 학교 교육 현장에서 교사의 역할은 교육자에 더 방점을 두어야 할 것이다. 다만 유치원 교사나 초등학교 저학년 교사와 같이 나이 어린 아이들을 대하는 경우, 보육자의 역할 또한 간과할 수 없다. 교육자로서의 교사를 생각할 때, 이는 스타 강사의 현란한 강의와는 본질적으로 다르다. 카리스마 넘치는 태도로 멋진 미사여구를 사용하여 학생을 휘어잡는 소위 언변 좋은 스타 강사의 강의가 '교육'의 함의를 총체적으로 담고 있다고 볼 수 있을까? 나는 이것이 교육의 충분조건이 되기 어렵다고 본다. 교육은 가치 함축적인 개념이며, 동시에 한 인간의 총체적 변화를 추구하기 때문이다. 학교 교육은 지식 습득, 사고력 향상, 도덕성 발달, 윤리적 가치 형성, 사회성 함양 등 다양한 측면을 종합적으로 다룬다. 즉, 학교 교육의 목적은 인간 본성의 온전한 발달과 전인적 인격 형성이라 할 수 있으며, 그중에서도 도덕적 성장이 가장 중요한 부분을 차지한다. 실례를 들어보자. 중학교 수학 수업에서 교사가 단순히 문제 풀이 방법만 가르치는 것이 아니라, 학생들에게 수학적 사고력을 키우고 문제 해결 과정에서의 인내심과 논리적 사고를 육성하도록 지도한다. 이 과정에서 교사는 학생들의 개별적 특성을 고려하여 적절한 피드백을 제공하고, 협동 학습을 통해 의사소통 능력과 팀워크를 기르도록 돕는다. 이러한 총체적 접근은 단순한 지식 전달을 넘어서는 진정한 교육의 모습을 보여준다.

우리의 교단으로 돌아가 보자. 교사의 주요 업무인 학생 교육은 두 가지 핵심적인 측면을 내포한다. 첫째, 수업은 교사의 주된 임무이다. 교사는 학생들을 가르치는 데 전력을 다해야 한다. 이는 교사가 수업 외의 잡무에 시달리지 않고, 학생 교육에 온전히 집중할 수 있는 여건이 마련되어야 함을 의미한다. 둘째, 교사는 지식 전달뿐만 아니라 학생들의 바른 인성 형성을 위해 힘써야 한다. 학생의 본분이 공부라는 점을 상기하면, 학생은 지식 습득과 더불어 바른 품성을 키우는 인격 함양에도 주력해야 한다. 따라서 우리는 교사의 지식교육자로서의 역할과 함께 인격교육자로서의 역할에도 주목해야 한다. 그러나 현재 대한민국의 학교 현장에서 교사가 이 두 가지 역할을 수행하기 위한 환경이 제대로 갖춰져 있지 않은 듯하다. 첫 번째 측면과 관련하여, 학교 교사들은 학생을 가르치는 것 외에도 과중한 업무를 맡는 경우가 빈번하다. 대표적으로 교사들의 공문 처리 업무를 들 수 있다. "교사들이 수업 연구보다 공문 처리에 더 많은 시간을 쏟는다."는 냉소적인 지적을 완전히 무시할 수 있을까? 두 번째 측면에서, 현재 우리 학교 교육은 교사로 하여금 지식 전달자로서의 역할에만 충실하도록 강요하는 듯하다. '입시 위주의 경쟁 교육'이라는 용어가 이를 단적으로 보여준다. 오늘날 약화된 교권 또한 이러한 현상을 방증한다고 볼 수 있다. 학생들의 인성을 함양하는 것보다 지식을 전달하고 문제를 잘 풀게 하는 것이 오히려 수월한 일이 되어버린 현실이다. 결국 이

두 가지 문제는 모두 엄밀한 의미에서 교육의 본질을 간과한 결과라고 할 수 있다.

교사들의 학생 지도 권한과 책무가 박탈되는 순간, 교육 현장은 그 본질을 잃고 더 이상 진정한 교육의 장(場)이 될 수 없다. 왜 그럴까? 이는 인간의 본성을 깊이 들여다보면 누구나 쉽게 이해할 수 있는 사실이다. 우리는 대부분 '스스로' 또는 '자발적'으로 인격을 갈고 닦으려 하지 않는다. '연습'이나 '훈련' 없이 인간이 자신의 이기심이나 경향성을 극복하는 것은 매우 어려운 일이다. 바로 이 때문에 학교 현장에서 교사의 역할이 그토록 중요한 것이다. 교육의 본질에 대한 깊은 이해를 바탕으로, 학생 개개인의 내면적 성장을 도모하는 것은 교육자의 기본적인 임무 중 하나이다. 이러한 성장은 단순히 지식의 습득이나 문제 풀이를 넘어서 비판적이고 반성적 사고, 문제 해결 능력, 메타 인지 그리고 배려나 사회적 책임감과 같은 인성의 발달을 포함한다. 교사가 학생들을 적절히 지도하고 교육하는 과정에서 이러한 능력들이 길러진다. 이는 궁극적으로 학생들이 사회의 건강한 구성원으로 성장하는 데 필수적이다. 따라서 교사의 지도 권한을 보장하고 존중하는 것은 단순히 교사 개인의 문제가 아니라, 교육의 질과 사회의 미래를 좌우하는 중요한 요소라고 할 수 있다.

반면, 교사들의 학생 지도 권한이 축소되면, 교육의 핵심 과정이 제대로 이루어질 수 없다. 교육에서 교사의 권위와 지도력은 학생들에게 지식과 가치를 전달하고, 그들의 '자기주도 학습 동기'를 부여하는 데 필수적이다. 교사의 지도 없이 학생들이 스스로 잠재력을 최대한 발휘하고 한계를 극복하기는 쉽지 않다. 더욱이 공동체 생활 능력 함양, 이기심 극복, 타인에 대한 배려 등 인성 교육은 교사의 지도력을 더욱 필요로 한다. 이러한 교육은 장기간의 훈련, 연습, 습관 형성, 노력, 인내, 끈기 그리고 성찰과 반성을 요구하며, 아이들 혼자 감당하기에는 어려운 과업이기 때문이다. 따라서 교사들이 전문성과 판단력을 바탕으로 학생들을 효과적으로 지도할 수 있는 충분한 권한을 갖는 것이 교육 현장에서 매우 중요하다.

우리가 유념해야 할 점은 학교 교실이 각 가정의 소중한 아이들이 모여 공동체를 이루고 더불어 살아가는 법을 배우는 장소라는 사실이다. 누구에게나 자신과 자신의 아이는 귀중하다. 그런데 때로는 단지 '기분이 나빠서' 다른 아이에게 폭력을 행사하는 경우가 있다. 일부 미성숙한 학부모들은 이러한 상황을 단순히 "아이들의 장난" 또는 "별일 아닌 일"로 치부하기도 한다. 이러한 상황에서 가해 학생의 이기심을 자제시키고 피해 학생과 다른 아이들을 보호하는 것이 바로 교사의 역할이다. 수업 시간이나 쉬는 시간에 언어적 폭력이나 물리적 폭력을 행사하는 아이가 있다면, 교사들에게 이를 교육적 차원에서 지도할 권리를 당연히 부여해야 한다. 이것이 바로 '교육'의 본질이기 때문이다.

교육에서 교사가 중요한 또 다른 이유를 생각해 보자. 사회적 권력이나 부를 가진 부모를 두지 않은 평범한 아이가 대한민국에서 성공하기 위해 가장 필요한 것은 무엇일까? 물론 건강과 행운도 중요한 요소지만, 이는 개인의 노력이나 의지만으로는 완전히 통제할 수 없는 부분이 있다. 특히 운은 예측 불가능하며, 건강 역시 최선을 다해 관리해도 장담할 수 없는 영역이 있다. 그렇다면, 인간의 노력으로 획득할 수 있는 성공 요인은 무엇일까? 인맥이나 사회적 관계, 기회 등도 있지만, 이 또한 우리의 예측을 벗어나는 경우가 많다. 나는 한 인간의 인생을 좌우하는, 그리고 어느 정도 개인의 노력으로 성취할 수 있는 가장 대표적인 성공 요인이 바로 '교육'이라고 생각한다. 현재 대한민국에서 불고 있는 OO 열풍만 봐도 이를 짐작할 수 있다. 왜 부모들과 아이들은 특정 대학, 특정 학과를 선호하는가? 그것은 이러한 교육 조건이 특정 사회적 직군을 획득하는 데 가장 유리하다고 믿기 때문이다. 이것이 내가 '정의로운 대한민국'을 위해 '교육이 바로 서야 한다.'고 강조하는 이유이다. 교육은 개인의 노력으로 사회적 지위와 성공을 획득할 수 있는 가장 중요한 수단이기에 '공정하고 질 높은 교육 시스템'의 구축은 사회 정의 실현의 핵심이 된다.

존 롤스가 그의 『정의론』에서 제시한 '원초적 입장'과 '무지의 베일' 개념을 통해 생각해보면, 우리 사회의 교육 불평등 문제를 더 명확히 이해할 수 있다. 롤스의 관점에서 볼 때, 누군가는 대한민국에서 사회적, 경제적으로 든든한 기반을 가진 가정에 태어난다. 이들은 더 나은 교육 기회를 위해 더 많은 비용을 지불할 수 있고, 더 좋은 주거 환경이나 교육 환경을 찾아 이동하고 정착할 수 있는 여유가 있다. 이러한 환경의 학생들은 능력 있고 명성 높은 교사나 강사를 찾아갈 수 있으며, 때로는 유명 강사를 개인 과외 선생님으로 고용할 수도 있다. 통계가 보여주듯, 이러한 배경을 가진 학생들은 그렇지 않은 학생들에 비해 좋은 대학, 직장, 인맥, 환경에서 살게 될 확률이 훨씬 더 높다.

반면, 부모의 돌봄이 부족하거나 경제적 여건이 충분하지 않은 가정의 아이들은 어떨까? 이들은 대부분 공교육 시스템, 특히 학교 교사들에게 의존할 수밖에 없다. 만약 이들을 가르치는 교사가 능력이 부족하거나, 교육에 대한 열의가 없거나, 효과적인 교육 방법을 알지 못한다면 어떻게 될까?

교사의 효능감은 학교의 전반적인 분위기보다 학생 개개인에게 더 큰 영향을 미친다. 연구에 따르면, 교사의 자기효능감과 학생들의 학업 성취도 사이에 긍정적인 상관관계가 있음이 밝혀졌다(Shahzad, K., & Naureen, S., 2017). 이는 효능감 높은 교사가 학생의 성장과 발전에 결정적인 역할을 한다는 것을 의미한다. 예를 들어, 수학에 어려움을 겪는 학생이 있다고 가정해 보자. 높은 효능감을 가진 교사는 이 학생의 어려움을 정확히 파악하고, 다양한 교육 방법을 시도하며, 학생이 이해할 때까지 끈기 있게 지도할 것이다. 반면 효능감이 낮은 교사는 학생의 어려움을 그저 "수학에 재능이 없어서"라고 치부하고 포기할 수 있다. 이러한 차이는 학생의 수학 성적뿐만 아니라, 수학에 대한 태도와 자신감에도 큰 영향을 미칠 수 있다. 결과적으로 어떤 교사를 만나느냐에 따라 학생의 학업 성취도, 자아 효능감, 나아가 진로와 미래가 크게 달라질 수 있다. 따라서 교사의 효능감 향상은 교육의 질을 높이고 학생들의 잠재력을 최대한 끌어내는 데 핵심적인 요소라고 할 수 있다.

물론 이에 대해 "교육이 그렇게 중요한가요? 직업은 중요하지 않고, 자신이 하고 싶은 대로 사는 게 가장 좋은 것 아닌가요?"라고 반문할 수 있다. 하지만 여기서 우리는 한 차원 깊이 생각해 볼 필요가 있다. 자신의 '하고 싶은 것'을 정확히 알고 '그것을 추구할 수 있는 능력'을 갖추는 데에도 교육이 필요하지 않을까? 또한 원하는 직업을 가지기 위해 필요한 지식과 기술을 습득하는 데에도 교육의 역할이 중요하지 않을까?

결국, 교육의 질과 기회의 평등은 우리 개개인의 삶의 질을 결정짓는 중요한 요소가 된다. 뿐만 아니라 사회 전체의 발전과 정의 실현에 핵심적인 요소이다. 따라서 우리는 모든 학생들이 질 높은 교육을 받을 수 있도록 하는 것이 사회적 책임이자 의무임을 인식해야 한다. 이를 통해 우리는 더 공정하고 정의로운 품격 있는 사회를 만들어 갈 수 있을 것이다.

한편, 우리는 좋은 교육을 위해 교사들의 헌신만을 강조하는 경향이 있다. 그러나 우리가 잊지 말아야 할 중요한 사실이 있다. 바로 교사도 한 인간이라는 점이다. 교직이라는 직업에 충분한 기반이 마련되지 않고, 우수한 자질을 가진 사람들이 교사가 될 수 있는 환경이 조성되지 않는다면, 우리가 원하는 이상적인 교사를 확보하기 어렵다. 특히 경제적 기반이나 사회적 지위가 충분히 보장되지 않을 때 이는 더욱 그러하다.

그렇다면, 모든 이가 좋은 교육을 받을 수 있도록 하기 위해서는 무엇이 필요할까? 여기서 말하는 '좋은 교육'은 바람직한 교육 체제 및 교육과정, 적절한 교재, 잘 갖추어진 학교 시설 및 기자재 등을 포함하지만, 가장 핵심적인 요소는 바로 '훌륭한 교사'이다. 즉, 누구나 희망하면 훌륭한 교사를 통해 양질의 교육을 받을 수 있을 때, 우리 모두가 인생에서의 성공 확률을 높일 수 있다는 것이다.

그런데 현재 대한민국의 현실은 어떠한가? 누구나 공정하고 정의로운 사회를 외치고 성공적인 인생을 살고 싶다고 말하지만, 정작 우리가 가장 신경 써야 할 교육과 교사에 대해서는 무관심한 듯하다. 특정 대학군의 위기는 많은 이들에게 그저 시간 때우기 좋은 희화화된 가십거리일 뿐이다. 아무도 위기의식을 느끼거나 두려워하지 않는다. 왜일까? 그것이 '내일'이 아니라고 생각하기 때문이다. 그러나 정말 그러한가? 한국의 현실은 우리가 외면하고 있는 교육과 교사의 중요성에 대해 심각한 재고가 필요하다. 교사의 효능감이 학생들의 학업 성취에 미치는 긍정적인 영향을 고려할 때, 우리는 교육계의 위기를 단순한 가십거리로 넘길 수 없다. 교육은 개인의 삶뿐만 아니라 국가의 미래를 좌우하는 중요한 요소다. 학생들의 성공은 교사들의 자신감과 교육의 질에 달려 있으며, 이는 결국 사회 전체의 번영으로 이어진다. 따라서 교육과 교사에 대한 무관심은 우리의 미래에 대한 무관심과 다름없다. 이제는 이를 '내 일'로 인식하고, 교육의 중요성을 재고하여 보다 나은 교육 환경을 조성하는 데 힘써야 할 때다.

나는 누구나 원한다면 '좋은 교사'를 가질 수 있는 대한민국의 교육 환경이 만들어지기를 진심으로 바란다. 이것이 나와 너, 그리고 우리가 인생에서 성공할 수 있는 길이며, 대한민국이 지속적으로 발전할 수 있는 원동력이라고 믿기 때문이다. 이를 위해 가장 중요한 것은 '양질의 교사를 충분히 확보'하기 위한 노력이다. 더 정확히 말하면, 모든 아이들이 양질의 교사에게 배울 수 있는 기회를 얻도록 해야 한다. 이는 능력 있는 부모를 만난 운 좋은 아이들뿐만 아니라, 그렇지 못한 아이들 모두에게 해당되어야 한다. 교육의 기회균등은 사회적 정의를 실현하고 국가 경쟁력을 높이는 데 필수적이다. 뿐만 아니라 교사 또한 스스로의 교육 역량을 향상시키기 위해 전념할 수 있는 사회적, 제도적 여건이 마련되어야 한다. 이는 교사의 자기효능감 향상으로 이어져 학생들의 학업 성취도 향상에 긍정적인 영향을 미칠 것이다. 교사 연수 프로그램의 확대, 적절한 보상체계 구축, 그리고 교육 환경 개선 등을 통해 교사들이 자신의 직무에 더욱 몰입할 수 있도록 지원해야 한다. 정부, 교육기관, 그리고 사회 전체가 협력하여 대한민국의 교육 역량을 강화하는 데 힘써야 할 것이다.

02

선생님,
그 위대한 존재

"적절한 교사의 권위에 대한 존중은 학생 성장의 중요한 밑거름이 된다."

학교에서 교육은 적절한 권위 없이는 이루어지기 어렵다. 이는 인간의 본성을 잠시 되돌아보면 쉽게 알 수 있다. 공부가 재미있어서 한다는 경지에 이른 아이들이 과연 몇 퍼센트나 될까? 대부분의 사람들에게 공부는 오락보다 덜 즐거운 활동이다. 심지어 공부를 업으로 삼는 사람들조차 게임이나 영화 감상을 더 선호할 수 있다. 이는 어떤 형태로든 강제 없이는 가만히 앉아 책을 읽고 곱씹는 작업이 매우 어렵다는 것을 의미한다. 교실 상황을 생각해보자. 학생들이 자발적으로 자리에 앉아 교사의 말에 주의를 기울이거나 스스로 학습 자료에 집중할까? 이것이 완전히 불가능하진 않지만, 저절로 이루어지는 현상은 분명 아니다. 수업 시간에 학생들이 학습에 진정으로 집중하도록 하기 위해서는 일종의 강제나 유인책이 필요하다. 예를 들면, 교사의 '권위'나 '흥미롭고 새로운 내용'이나 '눈에 띄는 자극' 등이다. 이 가운데 학생들이 교사의 권위를 인정하고 그 지시를 따를 때 비로소 자리에 앉아 학습 자료에 집중하고 배움에 몰두할 수 있다.

만약 교실에서 교사의 권위가 전혀 존재하지 않는다면 어떻게 될까? 아이들이 교육자로서의 교사의 권위를 인정하지 않는다면 어떤 일이 벌어질까? 예를 들어, 수업 시간에 한 아이가 집중하지 않고 옆 친구를 괴롭히고 있다고 가정해보자. 팔꿈치로 짝꿍의 옆구리를 찌르고, 학습도구를 빼앗는 상황이라면? 이런 경우, 가장 효과적인 제재 수단은 교사의 말 한마디일 수 있다. 그러나 이는 교사의 권위가 존재한다는 전제하에서만 가능하다. 이러한 제재는 다른 아이들의 학습권을 보호하는 일이기도 하다.

그렇다면, 현재 우리 교실의 현실은 어떠한가? 아이들의 학습권을 지켜줄 교사의 권위가 제대로 존중받고 있는가? 안타깝게도, 교사가 문제 행동을 보이는 학생을 제재하려 하면, 많은 경우 해당 학생은 '기분이 나쁘다'며 불평한다. 심지어 일부 학생들은 즉시 학부모에게 연락하여 이를 아동학대로 신고하는 어처구니없는 상황까지 벌어지곤 한다. 실제로 우리 주변에서 이런 사례를 자주 목격하지 않는가? 이러한 현상은 교육 현장에서 교사의 권위가 심각하게 훼손되고 있음을 보여준다. 이는 단순히 교사 개인만의 문제가 아니라, 전체 학생들의 학습권과 교육의 질에 직접적인 영향을 미친다는 점에서 중대한 사회적 문제가 된다.

교육의 이상을 실현하는 과업, 권한, 의무, 책임은 일선 교사에게 있다. 교육 현장에서는 분명한 권위와 규율이 필요하다. 이는 교실에서 학생들의 직접 체험과 배움이 주로 교사와 학생 간의 상호작용을 통해 이루어지며 이루어져야 하기 때문이다. 학생들의 학습 경험이 성공적으로 이루어지려면 교사에게 합당한 권위가 있어야 한다. 이러한 권위를 바탕으로 질서를 유지하고 규율을 시행할 수 있으며, 이를 통해 효과적인 교육이 가능해진다. 교사가 합리적 권위를 가질 때, 학생들에게 필요한 지식, 기술, 능력, 역량 등을 개발시킬 수 있다.

권위에는 두 가지 종류가 있다. 첫째, 위임과 합법적으로 인정된 권력 집단에 의해 동의 또는 수용되어 가지게 된 권위이다. 예를 들어, 선출된 지도자나 팀에서 받아들인 주장 등이 이에 해당한다. 둘째, 특정한 영역에서 탁월한 지식에 의해 가지게 된 권위이다. 예를 들어, 갑은 폴란드 역사에 대한 권위자일 수 있고, 을은 경주 자동차에 대한 권위자일 수 있다. 전문 지식의 권위는 단순히 교과 지식뿐만 아니라 그 분야에 대한 열정까지 포함하는 의미를 지닌다. 이 두 가지 권위는 그 권위가 포괄하는 정도만큼 우리가 그들에게 경청하고 복종해야 하는 정당한 이유를 제공한다.

여기서 말하는 교사의 권위는 강압적인 외적 권위가 아닌 내적 권위이다. 이는 교육 자체의 개념에 의해 구속되고 관리되는 권위이다. 그러나 교사가 단지 봉급쟁이로 전락할 때 교육의 미래는 참으로 절망적일 수밖에 없다. 교사는 교육의 파수꾼으로서 아이들을 직접 가르치는 현장의 실행자이기 때문이다. 현재 우리 선생님들은 때로는 이성적이지 않은 학부모의 민원에 시달리기도 하고, 비합리적인 행정 업무와 잡무로 인해 고통받고 있다. 어찌 보면 우리 선생님들의 전문직으로서의 지위는 적절한 대우를 받지 못하고 있다는 생각도 든다.

교사의 권위를 생각할 때, 교사는 '권위주의적'이기보다 '권위적'이어야 한다. 여기서 '교사가 권위주의적이다'는 말은 교사가 학생들을 지배하거나 부당한 권력을 남용하는 것을 의미할 수 있다. 이는 학생들의 자율성을 무시하고 학습 환경을 제약하는 것으로 이어질 수 있다. 반면, '교사가 권위적이다'는 말은 교사가 단순히 명령을 내리는 권위주의자가 아니라, 교육 환경을 이끌어가는 데 필요한 적합한 권위를 가진 존재로서 행동해야 한다는 것을 강조하는 것이다. 교사는 학생들에게 교육 방향을 제시하며 학습 환경을 조성하고 지식 전달과 학생의 배움을 도모해야 한다. 이를 위해서는 반드시 '가르침'과 '배움'의 질서로서의 규율을 유지하는 데 도움이 되는 권위를 지녀야 한다. 다시 말해, 교육이라는 실천과 과업이 수행될 수 있는 적법한 질서 체제가 요구된다. 이 때문에 교사는 마땅히 학생들을 다룰 수 있는 충분한 힘을 가지고 있어야 한다. 그러나 한편, 이것은 학교에서 교사의 권위가 무비판적으로 자행되거나 받아들여져야 한다는 것을 의미하지는 않는다. 학생들이 묵시적으로 교사의 권위를 이해하고 이를 자발적으로 수용하고 따를 때 성공적인 교육이 이루어질 수 있다는 뜻이다.

다른 나라의 상황은 어떠할까? 일반화하기 어려울 수도 있지만, 내가 연구년을 보내던 시절 미국에서 만난 한 일본인 교수는 일본에서 학생이 학교에서 교사를 폭행하거나 법적으로 고소하는 것은 일반적으로는 상상하기 어려운 일이라고 말했다. 미국의 경우, 학생들의 범죄, 폭력, 마약, 심지어 총기 난사 등의 심각한 문제가 자주 언론에 보도된다. 그럼에도 불구하고, 내가 2023년 미국 캘리포니아에서 방문했던 초중고 6개의 학교에서 본 학생들의 모습은 신선한 충격을 안겨주었다. 학생들은 교사의 지시에 일사불란하게 움직였으며, 수업 시간을 공부에 전념하는 시간으로 인지하고 있었다. 관찰자인 내가 있었기 때문에 평상시와 다를 수 있다는 의문이 들 수도 있다. 그러나 방문한 학교의 모든 선생님과 교장선생님은 하나같이 교사의 권위가 교육활동에서 존중되고 있으며, 법적으로 보호 받고 있음을 강조했다.

미국에서는 교권이 법적으로 보호되고 있으며 각 주에서는 교사를 보호하기 위한 다양한 법률과 정책이 시행되고 있다. 예를 들어, 뉴저지주에서는 학생이 교사를 폭행하면 즉각 정학 처분을 내리고 30일 내에 퇴학 여부를 결정하는 절차를 밟아야 한다. 교권 침해 사건이 발생하면 교장은 지역 교육감에게 보고해야 하며, 신고하지 않으면 징계를 받을 수 있다. 매사추세츠주에서는 교사를 폭행한 학생에 대해 퇴학 명령과 형사 고소를 할 수 있다. 또한 교사는 고의나 중대한 과실이 없다면, 학생을 훈육하고 교실을 통제하다 일어난 일에 대해 책임을 지지 않는다. 교사를 보호하는 강력한 장치로는 연방 교사 보호법이 있다.[1]

교사의 권위는 단순히 학생들을 지배하거나 명령을 내리는 권위주의적 방식이 아니라, 교육의 본질을 이해하고 학생들을 진정으로 이끌어줄 수 있는 권위적 접근이 필요하다. 교사의 권위는 학생들의 학습 환경을 긍정적으로 조성하는 데 필수적이다. 교사의 권위가 존중되고 법적으로 보호될 때, 교사들은 자신감을 가지고 학생들에게 최선의 교육을 제공할 수 있다.

우리나라에서도 교사들이 이러한 권위를 가지고 학생들을 지도할 수

---

1 관련 기사 https://imnews.imbc.com/replay/2023/nwdesk/article/6508356_36199.html (검색일: 2024.1.23.)

있는 환경을 만들어야 한다. 이를 위해서는 교사의 권위를 보호하고 존중하는 법적, 제도적 장치가 필요하며 사회적 공감대 형성도 요구된다. 교사들이 교육 현장에서 자신들의 역할을 충분히 수행할 수 있도록 지원해야 한다. 학생들은 교사의 권위를 자연스럽게 받아들이고 존중하는 문화를 형성해야 하며, 이는 학생들의 자율성과 학습 성과를 동시에 높이는 결과를 가져올 것이다.

결국, 양질의 교육은 교사의 합당한 권위가 제대로 자리 잡고, 학생들이 이를 존중할 때 가능하다. 대한민국의 교육이 지속적으로 발전하고 학생들이 미래의 주역으로 성장할 수 있도록, 우리는 '적절한 교사의 권위'[2]를 보호하고 강화하는 데 힘써야 할 것이다. 이러한 노력이 더 나은 교육 환경을 조성하고, 궁극적으로 사회 전체의 발전을 이끄는 원동력이 될 것이다.

---

2   여기서 '적절한 교사의 권위'가 의미하는 바는 다음과 같다. 첫째, 학생들의 학습과 성장을 촉진하는 데 필요한 정도의 권위로, 교육적 목표 달성에 도움이 되는 수준이다. 이는 강압이나 두려움이 아닌, 학생들의 자발적인 존중과 신뢰에 기반하며, 교사의 전문성과 인격에서 자연스럽게 우러나오는 권위를 의미한다. 둘째, 상황에 따라 유연하게 적용되는 권위이다. 이는 학생의 연령, 수업 내용, 교실 상황 등에 따라 적절히 조절되며, 교사의 교과 지식과 교육적 전문성에 대한 인정에서 비롯된다. 또한 학생의 인권과 자율성을 존중하면서도 필요한 지도와 통제를 할 수 있는 민주적이고 윤리적인 권위로, 효과적인 학습 환경을 만들고 유지하는 데 필수적이다.

03

학교 교육은
공공재인가 서비스인가?

"교육문제 해결은 인구·지역 소멸 위기의 대안이자

지역 경제를 도약시킬 최적의 수(手)이다."

대한민국은 한때 '교육의 나라', '스승이 존중받는 나라'로 세계의 찬사를 받았다. 그러나 최근 우리 교단의 풍토는 과거와 사뭇 다른 양상을 보이고 있다. 불과 몇 십 년 전만 해도 '스승의 그림자도 밟지 말라'는 말이 일반적이었다. 이는 현 세대에게는 생소할 수 있지만, 당시 우리 사회가 스승을 얼마나 존경했는지를 잘 보여준다. 우리는 스승을 부모보다도 더 존귀한 존재로 여겼으며, 특별히 예우했다. 그러나 현재 우리의 인식은 크게 변화했다. 과연 우리 사회에 스승을 존경하는 모습이 얼마나 남아있을까? 더 나아가, 학교교육, 특히 공교육은 현 세대에게 어떤 의미를 지니고 있을까? 이러한 질문들은 우리 교육의 현주소를 되돌아보게 한다.

이러한 질문에 답하기에 앞서 학교교육의 성격과 역할을 재고할 필요가 있다. 교육을 총체적으로 바라보기 위해서는 근시안적 관점과 원시안적 관점이 모두 필요하다. 근시안적 또는 분절적 관점에서 보면, 교육은 하나의 전문 영역으로, 교사, 학생, 학부모, 교육과정, 교과서, 교재 등의 총체를 의미한다. 반면, 비분절적 관점에서 교육은 정치, 경제, 사회, 문화 등 다방면에 지대한 영향을 미치는 토대가 된다. 이는 교육이 근본적으로 인간 형성을 목표로 하며, 각 개인이 사회 전 분야에서 주체로 활동하기 때문이다. 전자는 교육을 인간 삶의 영역 가운데 하나로 간주하는 것이며, 후자는 교육을 여타 인간 삶의 영역의 기반으로 이해하는 것이다. 특히 후자는 교육을 통해 인간을 변화시키고, 인간이 지향해야 할 가치를 찾아가게 한다는 점에서 교육이 우리 생활의 모든 분야에 깊이 관여할 뿐만 아니라 그 토대가 됨을 깨달을 수 있다.

교육은 생명체의 성장과 발전을 도모하는, 인간을 위한 중요한 과업이다. 이 때문에 우리는 지나친 경쟁 논리, 경제적 이해타산, 추상적이고 이상적인 담론을 경계하고 극복해야 한다. 지금 우리 앞에 있는 한 '생명체로서의 인간'을 교육해야 하기 때문이다. 교육은 형식적이고 관념적인 논의에 매몰되기 보다 구체적이고 실천적이 되어야 한다. 이 때문에 강조하고자 하는 것은 교육에 대한 단순한 원리주의자나 근원주의자가 되자는 것이 아니다. 거대 교육 담론에서 한 발 나아가 현대 교육에 대한 구체적인 방책을 제시할 필요가 있다.

이상과 현실, 그 양자 사이의 간격이 너무 클 경우, 그 균형을 잡으려 노력해야 하는 것은 교육대학이나 사범대학의 교수, 교사, 교육 전문가들의 책임이라고 본다. 이러한 균형 잡힌 시각은 우리 자신뿐만 아니라 다른 국가와 문화에 대한 비교교육 연구를 통해 더욱 선명하고 구체적으로 드러날 수 있다. 현재 우리에게는 현장과 이론, 이상과 현실의 조화가 필요하다.

듀이는 『교육의 도덕적 원리』에서 인성 발달, 즉 인격 발달이 모든 학교교육의 목적이라고 보았다(John Dewey, 조용기 역, 2011). 인격 발달이 학교교육의 핵심 목표로 간주되는 주요 이유는 다음과 같다. 첫째, 학교는 학생들이 사회적으로 적응하고 다양한 사람들과 관계를 형성하는 곳이다. 학생들은 여기서 타인과의 상호작용을 통해 자신의 감정을 이해하고 조절하는 방법을 배우며, 타인을 이해하고 존중하는 능력을 키운다. 가정에서의 제한적인 인간관계와 달리, 학교에서는 혈연관계가 아닌 타인들과 어떻게 관계 맺고 상호 존중하며 살아갈 수 있는지를 학습한다. 둘째, 학교는 학생들이 윤리적 가치와 도덕적 책임을 함양하도록 하는 역할을 한다. 자신과 타인에 대한 책임감, 도덕적 선택 능력은 인격 발달의 견인차 역할을 한다. 학생들은 여기서 자신의 행동이 타인에게 미치는 영향과 사회적 책임을 이해하게 된다. 셋째, 학교는 학생들이 더 큰 공동체의 일원으로서 책임감 있게 참여하는 법을 가르치는 장소이다. 학생들은 이 공동체 속에서 시민적 의무를 이해하고, 책임 있는 시민으로 성장하는 데 필수적인 자기 통제와 리더십을 개발할 수 있다. 이러한 이유로 학교교육은 학문적 지식뿐만 아니라 학생들의 인격적 성숙에도 큰 관심을 갖는다. 그 결과 학생들은 자신과 타인과의 관계에서 더욱 성숙하고 윤리적인 선택을 할 수 있게 된다. 이 과정에서 교사는 학생의 인격교육에 중추적 역할을 담당한다.

그렇다면 이제 본론으로 돌아가 학교 교육이 공공재여야 하는지 아니면 서비스여야 하는지에 대해 생각해 보자. 결론부터 말하면, 학교 교육, 엄밀히 말해 공교육은 상업적 서비스가 아닌 공공재여야 한다. 왜 그럴까? 공공재는 개인들이 사용해도 다른 사람들의 사용에 영향을 주지 않고 무제한으로 이용할 수 있는 재화나 서비스를 말한다. 학교 교육이 공공재로 간주되는 이유, 즉 학교 교육이 단순한 상업적 서비스와 구분되는 이유는 몇 가지가 있다.

첫째, 의무적 성격이다. 대한민국의 모든 국민은 초중등교육법[3] 제13조에 의거, 초등학교 6년, 중학교 3년, 총 9년 과정의 교육을 의무적으로 받아야 한다. 서비스는 선택적이거나 자율적으로 이용되는 반면, 교육은 사회적 의무로 간주되어 모든 아이들이 교육을 받아야 하는 권리를 가진다고 할 수 있다.

둘째, 공교육이 갖는 보편적 접근성이다. 공교육은 모든 사람이 동등하게 접근할 수 있어야 한다. 학교 교육은 개인적 이익뿐만 아니라 사회적 이익을 위한 투자로 간주되며, 공공재로서의 특성을 갖추고 있다. 그렇기

---

3 일부개정 2023. 9. 27. [법률 제19738호, 시행 2023. 9. 27.], 제13조(취학 의무) ① 모든 국민은 보호하는 자녀 또는 아동이 6세가 된 날이 속하는 해의 다음 해 3월 1일에 그 자녀 또는 아동을 초등학교에 입학시켜야 하고, 초등학교를 졸업할 때까지 다니게 하여야 한다. ② 모든 국민은 제1항에도 불구하고 그가 보호하는 자녀 또는 아동이 5세가 된 날이 속하는 해의 다음 해 또는 7세가 된 날이 속하는 해의 다음 해에 그 자녀 또는 아동을 초등학교에 입학시킬 수 있다. 이 경우에도 그 자녀 또는 아동이 초등학교에 입학한 해의 3월 1일부터 졸업할 때까지 초등학교에 다니게 하여야 한다. ③ 모든 국민은 보호하는 자녀 또는 아동이 초등학교를 졸업한 학년의 다음 학년 초에 그 자녀 또는 아동을 중학교에 입학시켜야 하고, 중학교를 졸업할 때까지 다니게 하여야 한다.

에 공교육은 누구에게나 공평한 기회를 제공하여 개인의 재정적, 사회적 상황과 관계없이 접근 가능해야 한다. 따라서 학교 교육은 사회적 책임을 지닌다. 교육은 단순히 지식을 전달하는 것뿐만 아니라, 시민으로서의 역할과 책임, 도덕적 가치 등을 배우는 과정을 포함한다. 이는 상업적 서비스가 아닌, 사회적 책임을 가진 교육의 한 부분으로 간주되며, 사회적으로 중요한 공공재로 인식될 필요가 있다.

이러한 이유들로 인해 학교 교육은 서비스가 아닌, 사회적 책임과 의무, 교육적인 목적을 갖춘 고유한 특성을 가진다. 따라서 학교 교육을 공공재로서 바라보고 지원하는 것은 우리 모두와 미래 세대를 위한 중요한 과업이다.

최근 불거져 나오는 교권 약화와 침해의 원인 가운데 하나는 공공재로서의 공교육을 상업적인 서비스로 인식한 데 있다. 공교육을 단순히 서비스로만 바라보는 것에는 몇 가지 문제가 있다. 첫째, 교육을 서비스로만 인식할 경우, 교육이 상업적 이윤을 추구하는 상품이나 서비스로 간주될 수 있다. 이는 한 인간의 육성, 도덕적 성장, 인격 교육과 같은 교육의 핵심 가치와 목적을 왜곡시킬 수 있다. 교사와 학생의 관계를 돈을 지불하는 고객과 정보 제공자 간의 상호작용으로 간주할 우려도 있다. 이 시각에서는 학생이 교사를 자신의 성장을 돕고 교육하는 스승이라기보다 교육 서비스 종사자로 인식하게 된다. 학생들이 교사를 자신의 부족한 부분을 일깨워 주고 인격 발달과 지적 깨우침을 돕는 선생님으로 인식하지 않을 때, 도덕적 사회화를 기대하기 어려워진다.

둘째, 오늘날 대한민국 교육의 중요한 이슈 중 하나인 사교육 증가이다. 공교육을 서비스로만 본다면 경쟁과 성과 중심의 학습만 강조될 가능성이 높다. 이는 학생들이 학교 수업에 전념하기보다 대학 진학이나 성적 향상을 위해 부가적인 사교육에 의존하게 만들 수 있다. 학교에서 제공되는 교육만으로는 충분하지 않다고 여기게 되면, 과도한 사교육 의존으로 이어질 수 있다. 교육은 단순히 상품이나 서비스가 아니며, 사회적 책임과 문화적 가치, 개인적 성장을 초월하는 중요한 측면을 포함한다. 따라서 교육은 서비스 이상의 가치를 지니고 있으며, 이를 단순히 상업적으로만 간주하는 것은 교육의 본질과 목적을 퇴색시킬 수 있다.

공교육이 지닌 사회적 공공재로서의 주요 측면은 다음과 같다. 첫째, 개인과 사회의 발전으로 교육은 개인의 성장을 촉진하며, 이를 통해 사회 전체의 진보와 발전에 기여한다. 둘째, 국가 발전의 원동력으로 교육은 국가의 경제적, 기술적 발전을 이끄는 주요 요소이다. 셋째, 사회적 정의 실현으로 교육은 공정한 기회 제공을 통해 사회적 불평등을 줄이고, 모든 이에게 균등한 교육적 혜택을 제공한다. 넷째, 사회적 상호작용 증진으로 학교는 학생들이 공동체의 일원으로 성장하고, 타인과 관계를 형성하며, 시민으로서의 책임과 역할을 이해하는 데 도움을 준다. 이를 통해 학생들은 더 책임감 있고 적극적인 시민으로 성장한다. 다섯째, 잠재력 발견과 자아실현으로 교육은 학생들이 자신의 열정과 잠재력을 발견하고 발전시킬 수 있는 환경을 제공한다. 이는 학생들의 자아실현을 돕는다. 이처럼 교육은 국가 차원의 공공재로서 개인의 성장뿐만 아니라 국가와 사회의 발전에 크게 기여한다.

공교육이 공공재로 간주되는 것은 교사의 역할을 이해하는 데 중요하며, 이와 관련하여 교사의 역할은 다음과 같다. 첫째, 모든 아이들에게 균등한 기회를 제공해야 한다. 공교육의 본질은 모든 아이들에게 평등한 교육 기회를 제공하는 것이므로, 교사들이 각 학생의 다양한 수준과 요구에 맞춘 개인 맞춤형 교육을 제공하기 위해 노력할 수 있도록 제반 조건이 마련될 필요가 있다. 이를 통해 교사들은 모든 학생들을 포용하고 지원함으로써 공교육의 공공재적 특성을 실현하는 역할을 수행한다. 이는 동시에 교실에서 이루어지는 교사의 교육활동이 특정 학생 한 명에게만 집중될 수 없다는 것을 의미한다. 만약 수업을 방해하는 학생이 있다면, 교사는 그 학생을 제외한 다른 모든 학생들의 학습권이 보장되도록 적절한 조치를 취해야 하며 그럴 수 있는 여건이 형성되어야 한다. 이는 공공재로서의 교육이 가진 특성을 고려할 때 필수적인 교사의 역할이자 권한이다.

둘째, 교사는 모든 학생들에게 동등한 교육적 경험을 제공하여 사회적 격차를 줄이고 더 나은 미래를 위한 능력을 키워야 한다. 이는 단순히 같은 내용을 가르치는 것을 넘어, 각 학생의 배경과 상황을 고려하여 실질적으로 동등한 교육 기회를 제공하는 것을 의미한다. 이를 위해서는 학생 개별 특성에 대한 고려가 필요하고 맞춤형 교육이 요구되기에 다양한 교육 기자재, AI 디바이스 등이 좋은 도구로 활용 될 수 있다.

셋째, 교사는 다양성을 존중하고 다양한 배경과 능력을 가진 학생들을 위한 교육적 환경을 조성하여 모든 학생들이 성장할 수 있도록 도와야 한다. 이는 문화적, 사회적, 경제적 배경의 차이를 인정하고, 이를 교육 과정에 반영하는 것을 포함한다.

마지막으로, 교사는 학생들의 성장을 촉진하고 이들이 사회적으로 책임 있는 구성원으로 자라나도록 돕는 역할을 한다. 학생들이 도덕적, 사회적, 학문적으로 성숙해지도록 이끄는 것은 공교육의 핵심적 목표이다. 이는 단순한 지식 전달을 넘어 전인적 교육을 지향하는 것이다.

따라서 공교육에서 교사의 역할은 단순히 정보를 전달하는 것 이상으로, 학생들의 다양성을 이해하고 존중하며 모든 학생들이 학습에 참여하고 성장할 수 있는 환경을 조성하는 것이다. 공공재로서의 공교육과 그에 따른 교사의 역할은 특정 학생만을 위한 것이 아닌, 모든 학생을 위한 것이기에 교실에서 일부 학생들에 의해 다른 학생들의 학습권이 침해되는 상황이 발생할 경우, 교사는 적극적으로 이를 제지하고 수업의 정상화를 위해 행동을 취할 의무와 권리를 가진다.

그리고 교사의 이와 같은 정당한 교육적 활동은 제도적으로 보호되어야 한다. 이러한 제재에는 수업을 방해하는 학생에 대한 교육적 차원의 훈육이 포함된다. 훈육은 개인이나 집단의 행동, 태도, 성향을 개선하고 바르게 이끌어내는 과정을 말한다. 이는 주로 지도와 교정을 통해 학생의 행동을 윤리적이고 적절하게 유도하고 가르치는 것을 의미한다. 이러한 과정을 통해 학생들은 개인적 성장과 발전을 도모하고, 사회적으로 합당한 행동을 취할 수 있는 능력을 배양하게 된다. 결과적으로 공교육에서의 교사의 역할은 모든 학생의 균등한 학습 기회를 보장하고, 개인의 성장과 사회적 책임을 동시에 고려하는 복합적인 것이다.

제2부

우리는 어디로:
생성 AI와 초저출산,
초고령화 시대,
우리 교육이 나아갈 길

01

교사가 살아야 교육이 산다:
교육이 가능한 교실로의 회복

우리 교육은 그 어느 때보다 많은 난관에 직면해 있다. 초저출산, 교육 격차, 공교육 기능 저하, 사교육 의존도 증가 등의 문제가 심화되고 있으며, 교사들의 권익 보호 미흡과 교육 활동 위축 문제도 심각하다. 교사의 교육적 권위가 학생들로부터 인정받지 못하게 되면, 학생들은 교사의 지시를 무시하고 경시하게 된다. 이로 인해 수업 진행은 방해받고 교수학습 환경은 혼란스러워진다. 교실 붕괴 현상은 교육의 본래 목적을 상실하게 하고 학생들이 사회의 일원으로서 필요한 기술과 가치를 제대로 배우지 못하게 만들며 결과적으로 사회 전체에 부정적인 영향을 미칠 수 있다. 교실에서 학생의 수업권과 교사의 교육권을 회복하는 것이 한국 교육계가 직면한 중요한 과제임을 직시할 필요가 있다. 이를 위해 교사들이 안정적으로 교육 활동에 전념할 수 있는 환경 조성은 공교육의 기능 회복과 강화에 필수적이다.

따라서 교육의 주요 주체로서 교사는 존중받아야 하며 교육 활동을 수행함에 있어 그들의 권한과 책임을 사회적으로 인정받을 수 있는 토대가 구축되어야 한다. 교사 보호는 정부와 교육부의 제도화된 정책 그리고 교사들의 권리와 책임에 대한 사회적 인식 변화를 포함해 학교, 학부모, 학생, 지역 공동체 등 모든 이해관계자들의 적극적인 협력과 지지를 통해 이루어질 수 있다. 그렇다면, 우리는 무너진 교실을 어떻게 바로 세울 수 있을까? 교육이 가능한 학교와 교실을 만들기 위해서는 다음과 같은 단계와 변화가 필요하다.

첫째, 교육의 본질적 목적 재고이다. 교육의 목적은 단순히 지식을 전달하는 것에 그치지 않고, 학습자의 전인적 발달과 사회에 긍정적인 영향을 미치는 데 있다. 이는 자아실현, 문제 해결 능력, 도덕적 가치관, 사회적 책임감, 창의적이고 비판적인 사고력을 포함하며, 현대 사회에서는 디지털 리터러시와 글로벌 시민의식도 중요한 교육 목표로 부각된다. 따라서 교육은 개인의 잠재력을 최대한 발휘하고, 사회 구성원으로서 긍정적인 역할을 수행하며, 변화하는 세계에 적응하고 혁신할 수 있는 기반을 마련해야 한다. 교육은 학문 전수를 넘어서 개인의 전인적 성장과 사회 발전을 촉진하는 중요한 수단이다.

둘째, 교육 제도와 정책을 개선하여 교사들이 교육에 집중할 수 있도록 도와야 한다. 이는 '연구자'로서의 교사와 '교육자'로서의 교사 역할에 대한 인정과 지지를 포함한다. 교사의 전문성을 확보하고 교육권을 보장하는 것은 학생들에게 공교육을 통한 양질의 교육을 제공하는 기반이 된다. 이는 사회 정의 차원에서도 필히 확립되어야 한다. 교사들이 지속적으로 전문성을 확보할 수 있도록 체계적인 교육, 연수 기회를 마련해야 한다.

교사 전문성 향상을 위해서는 단기적인 프로그램 식의 연수보다는 교사의 개별 전공에 적합한 대학원 학위 과정 이수와 같은 보다 전문적인 방책이 요구된다. 또한 직무 관련성을 고려하여 취득한 학점이나 이수 시간에 따라 해당 교사에게 인센티브를 제공할 필요가 있다. 예를 들어, 전문성 개발 활동에 따른 승진 가산점 부여, 연구년 제도의 확대, 성과급 지급 등을 고려할 수 있다. 교사의 교육 역량 증진은 학생 지도력의 향상으로 이어지며, 이는 곧 학생들의 학업 성취도에도 긍정적인 영향을 미친다. 연구에 따르면, 교사의 자기 효능감, 학부모와 학생에 대한 교사의 신뢰, 교사의 학업 강조와 같은 교사의 학문적 낙관주의와 학생의 학업 성취 사이에는 긍정적인 관계가 있다(Ateş & Ünal, 2021). 이 때문에 교육 정책 입안자와 학교 행정가는 학생의 학업 성취를 위해 교사의 학문적 낙관주의를 강화하는 것을 의제로 삼을 수 있다.

또한 교사들의 업무 부담을 줄여주는 시스템을 도입하여 학생의 학업 지도와 생활지도에 더 많은 시간과 에너지를 투자할 수 있도록 해야 한다. 예를 들어, 행정 업무 전담 인력 배치, 교육 지원 인력 확충, 디지털 기술을 활용한 업무 자동화 등을 고려할 수 있다. 특히 교사가 공문 수발에 시간을 할애하여야 하는 환경은 반드시 개선될 필요가 있다.

셋째, 학부모 교육의 필수화 및 내실화가 필요하다. 학생, 교사, 학부모, 학교 관리자 등 교육 공동체 간의 원만한 관계성 형성은 학생들의 학습 경험을 최적화하고 학교 내부의 문제를 해결하는 데 중요한 역할을 한다. 이러한 맥락에서 학부모가 교육의 주체로서의 역할을 이해하고 적극적으로 교육에 참여할 때, 학교와 교사는 보다 양질의 교육을 학생들에게 제공할 수 있다.

학부모는 교육이 모든 아동에게 공평하게 제공되도록 협조해야 하며, 교사를 자신의 자녀만을 위한 사적 소유물로 여겨서는 안 된다. 다른 아이들의 존재를 인정하고 공동체적 관점에서 학교 교육을 바라보는 자세가 필요하다. 학부모 교육의 내실화를 위해 다음과 같은 방안을 고려할 수 있다. 1) 정기적인 학부모 연수 프로그램 운영을 통해 자녀 교육, 학교 정책 및 규정 이해, 교사-학부모 협력 방안 등에 대한 교육을 제공하며, 일정 횟수에 의무적으로 참여하게 한다. 2) 학부모 참여형 워크샵을 개최하여 실제 교육 현장의 이슈를 다루는 토론 중심의 소통형 워크샵을 진행한다. 3) 온라인 학부모 교육 플랫폼 구축을 통해 시간과 장소에 구애받지 않고 학부모가 교육에 참여할 수 있는 환경을 조성한다. 이러한 학부모 교육은 학교-가정 간 소통 증진으로 인한 교육의 일관성 확보, 학부모의 교육 참여 증가로 인한 학생의 학업 성취도 향상, 교사에 대한 신뢰와 존중 문화 형성으로 인한 교육 환경 개선 등과 같은 긍정적 효과를 기대 할 수 있다. 다만, 학부모 교육의 실행에 있어 시간적 제약, 참여 독려의 어려움, 내용의 적절성 판단 등의 문제가 발생할 수 있다. 이를 해결하기 위해서는 학부모의 요구를 반영한 프로그램 개발, 다양한 시간대와 방식의 교육 제공, 학부모 참여에 대한 인센티브 부여 등을 고려해볼 수 있다. 결론적으로 학부모 교육의 내실화는 교육 공동체의 협력을 강화하고, 학생들에게 더 나은 교육 환경을 제공하는 데 중요한 역할을 할 것이다.

넷째, 교권 보호를 위한 법제도의 마련이 필요하다. 현재 한국의 교권 보호 관련 법제도는 교육기본법과 교원지위 향상을 위한 특별법 등이 있으나, 실효성 측면에서 개선의 여지가 있다. 미국의 경우, 연방 교사보호법을 통해 교사의 교육활동을 법적으로 보호하고 있다. 이 법에 따르면,

교사는 고의나 중대한 과실이 없는 한 학생 훈육이나 교실 통제 과정에서 발생하는 일에 대해 개인적으로 법적 책임을 지지 않는다. 구체적으로, 교사가 고의, 범죄 행위, 중대한 과실, 또는 학교 규정을 명백히 위반하지 않는 한, 교육 활동 중 발생한 사건에 대해 개인적인 법적 책임에서 보호받을 수 있다. 또한 2023년 플로리다주에서는 Teachers' Bill of Rights[1] 라는 '교사 권리 선언'이 통과되었다. 이 법안은 교사의 급여 인상, 교실에서 교사의 주도적 교육과 통제 권한 부여를 포함하고 있다. 영국의 경우, 'Education and Inspections Act 2006'을 통해 교사들이 학생들의 행동을 관리하고 교육 환경을 유지하는 데 필요한 권한을 법적으로 보장하고 있다. 이 법은 학생이 학교 규칙을 어기거나 합리적인 지시를 따르지 않을 경우 교사가 해당 학생을 징계할 수 있는 권한을 명시하고 있다. 이러한 권한은 학교 내에서 뿐만 아니라 학교 외부에서도 적용되며, 교사가 학생의 행동을 관리하고 교육 환경을 유지하는 데 중요한 역할을 한다.[2] 이러한 해외 사례를 참고하여, 한국에서도 실효성 있는 교권 보호 법제도를 마련할 필요가 있다. 다만, 이 과정에서 학생의 권리와 교사의 권리 사이

---

1   https://www.fldoe.org/teaching/just-for-teachers-community/bill-of-rights.stml
    (검색일: 2023.12.13.), https://www.flsenate.gov/Session/Bill/2023/1035(검색일: 2023.12.13.)

2   Education and Inspections Act 2006: The Essential Guide,
    https://www.nfer.ac.uk/publications/education-and-inspections-act-2006-the-essential-guide/
    (검색일: 2024. 07.12),
    https://world.moleg.go.kr/web/wli/lgslInfoReadPage.do?CTS_SEQ=13623&AST_SEQ=305(검색일: 2024. 07.12)
    Behaviour and discipline in schools
    https://assets.publishing.service.gov.uk/government/uploads/system/uploads/attachment_data/file/353921/Behaviour_and_Discipline_in_Schools_-_A_guide_for_headteachers_and_school_staff.pdf(검색일: 2024. 07.12)

의 균형을 고려해야 한다. 교사의 권한 강화가 학생의 학습권이나 인권을 침해하지 않도록 주의해야 하며, 교사와 학생 모두가 존중받는 학교 풍토를 조성하는 것이 궁극적인 목표가 되어야 한다. 결과적으로 학생들이 더 좋은 환경에서 배울 수 있도록 하기 위한 선결 조건은 교사가 존중받는 교실 문화 형성이다. 이를 위해 법제도적 보장과 함께 사회적 인식 개선, 학교 구성원 간의 상호 이해와 존중 문화 형성 등 다각도의 노력이 필요하다.

02

교육 재설계, 교육 본질을 향한 투쟁:
우리 모두를 위한 교육으로의 대전환

교육은 인류 문명의 근간이자 미래를 형성하는 핵심 동력으로, 그 중요성은 시대와 문화를 초월하여 인정받아왔다. 특히 AGI시대, 지식 기반 사회로의 진입과 급변하는 글로벌 환경 속에서 교육의 역할은 더욱 부각되고 있다. 교육은 단순히 정보 전달의 수단을 넘어, 국가 발전과 사회 진보의 원동력이며, 개인의 잠재력 실현과 사회적 형평성 제고의 핵심 메커니즘이다. 대한민국의 경우, 교육은 국가 발전의 근간이자 미래 경쟁력의 원천으로 인식되어 왔다. '교육 열풍'이라 불릴 만큼 교육에 대한 관심과 투자가 지대했고, 이는 한국의 급속한 경제 성장과 발전의 밑거름이 되었다. 그러나 이러한 성과에도 불구하고, 우리는 이제 교육의 본질과 목적에 대해 더욱 심도 있는 성찰을 할 시점에 와 있다.

교육의 궁극적 목적은 무엇인가? 지식 획득과 시험 성적 향상을 넘어, 어떻게 하면 개인의 전인적 성장과 사회의 지속 가능한 발전을 동시에 도모할 수 있을까? AI 시대를 맞아 우리 교육은 어떻게 변화해야 하며 어떤 가치와 역량을 키워야 할까? 모든 아이들의 손에 AIDT를 쥐어주고 교사가 아이들의 배움의 코치이자 사고의 촉진자의 역할을 잘 하도록 격려하는 것으로 우리가 원하는 교육성과를 일궈낼 수 있을까?

이 장에서는 이러한 본질적인 질문들을 바탕으로 교육의 근본 목적을 차근히 재조명하고자 한다. 더불어 급변하는 시대적 요구에 부응하면서도, 인간의 존엄성과 공동체적 가치를 지켜나갈 수 있는 미래 교육의 방향성을 모색하고자 한다.

교육의 본질은 크게 발달적 관점과 사회적 관점에서 조망할 수 있다. 이 두 관점은 상호보완적이며, 현대 교육의 복합적 역할을 이해하는 데 필수적이다. 발달적 관점에서 보면 교육철학자 피터스(R. S. Peters)가 주장했듯이, 교육은 단순한 지식 전달을 넘어 개인의 윤리적 성장과 발달을 가능케 하는 과정이다.

먼저 개인적 관점에서 교육의 본질적 요소를 제안하면 다음과 같다. 1) 전인적 성장으로 지적, 정서적, 도덕적, 신체적 측면을 포괄하는 균형 잡힌 발달을 말한다. 2) 비판적 사고력으로 정보를 분석하고 평가하며 독립적인 판단을 내리는 능력이다. 3) 도덕적 판단력으로 윤리적 딜레마에 대처하고 올바른 선택을 할 수 있는 능력을 말한다. 4) 자율성으로 스스로 학습하고 결정할 수 있는 능력이다. 5) 창의성으로 새로운 아이디어를 생성하고 문제를 혁신적으로 해결하는 능력이다. 6) 메타인지로 자신의 사고 과정을 인식하고 조절하는 능력으로, 효과적인 학습 전략을 개발하고 적용하는 데 필수적이다.

다음으로 사회적 관점에서 생각하면, 교육은 개인의 발달을 넘어 사회 전체의 발전과 긴밀히 연결되어 있다. 이 관점에서 교육의 본질적 요소는 다음과 같이 제시할 수 있다. 1) 사회화로 개인이 사회의 규범, 가치, 문화를 내면화하는 과정을 말한다. 2) 시민성 함양으로 민주사회의 구성원으로서 필요한 지식, 기능, 태도 육성이다. 3) 사회적 연대감으로 공동체 의식과 타인에 대한 공감 능력 개발이다. 4) 문화 전승과 혁신으로 기존 문화를 계승하면서도 새로운 문화를 창조하는 능력을 말한다.

이러한 두 관점의 통합적 이해를 바탕으로, 현대 교육은 개인의 잠재력 실현과 사회적 책임감의 조화, 지식 습득과 실천적 적용 능력의 균형, 글로벌 시민으로서의 역량과 지역 공동체에 대한 헌신의 결합, 전통적 가치의 존중과 미래지향적 혁신 정신의 융합, 개인의 행복 추구와 사회 전체의 지속가능한 발전의 달성과 같은 목표를 지향해야 한다.

따라서 교육의 본질은 개인의 전인적 성장과 사회의 발전을 유기적으로 연결하는 데 있다. 급변하는 현대 사회에서 교육은 이 두 가지 목표를 동시에 추구함으로써 개인과 사회가 직면한 도전에 효과적으로 대응하고 더 나은 미래를 창조할 수 있는 토대를 마련해야 한다.

현재 우리 사회가 직면한 교육에 대한 도전은 실로 막대하다. 사교육 의존도 증가, 인성교육의 부족, 학교 폭력 및 왕따 문제, 교육 불평등 등은 교육의 본질 추구와는 거리가 멀어 보인다. 이러한 문제들은 우리 교육 시스템의 근본적인 변혁을 요구하고 있다. 이제는 국민공통교육과정으로서 학교 교육의 본질을 되물어야 할 때이다. 우리는 아이들의 바른 성장을 위한 사회적 지원을 진지하게 고민해야 한다. 이는 우리 사회가 어떤 가치를 중요하게 여기는지, 그리고 어떤 미래를 그리고 있는지에 대한 근본적인 질문과 맞닿아 있다. '한 인간으로서 어떻게 살아야 하는가'라는 기본 질문부터 제기되어야 한다. 이는 단순히 학업 성취나 직업 준비를 넘어서는 문제이다. 우리는 학생들이 비판적 사고 능력, 창의성, 협동심, 공감 능력, 윤리적 판단력 등을 키울 수 있는 교육 환경을 조성해야 한다. 더불어 교육 불평등 문제에 대해서도 진지하게 접근해야 한다. 모든 학생들이 질 높은 교육을 받을 수 있도록 하는 것은 사회 정의의 문제이자, 우리 사회의 지속가능한 발전을 위한 필수 조건이다. 결론적으로 교육의 본질을 되찾는 것은 단순히 교육계만의 과제가 아니라 우리 사회 전체의 과제이다. 우리는 교육을 통해 어떤 개인과 사회를 만들어가고자 하는지에 대한 공동체적 합의를 이루어내야 한다. 이를 통해 우리는 더 나은 개인, 더 나은 사회, 그리고 더 나은 미래를 향해 나아갈 수 있을 것이다.

03

학교의 존재 이유와
교육4주체의 역할:
권리와 책임 그리고 합리적 권위

1) 학교의 존재 이유는 무엇일까?

학교는 개인과 사회와 국가의 관점에서 중요한 역할을 한다. 국가의 입장에서 보면, 학교는 사회와 국가의 발전을 위해 인적 자원을 육성하고 발전시키는 곳이다. 교육을 통해 아이들은 지식과 기술을 습득하여 사회에 기여할 수 있는 역량을 갖추게 된다. 학교 교육은 국가의 구성원이 공동체의 일원으로서의 의무와 책임을 이해하고 사회인으로서 책임감 있는 행동을 할 수 있도록 촉진함으로써 국가를 유지하고 발전하게 한다. 또한 학교는 국가 공동체의 문화와 가치를 다음 세대에게 전승하고 이를 유지하고 발전시킨다.

개인의 입장에서 보면 학교 교육은 개인의 자아를 실현하고 성장시키는 데 중요한 역할을 한다. 아이들은 학교에서 자신의 잠재력을 개발하고 창의성과 지적 호기심을 키움으로써 자신을 발전시킨다. 학교 교육은 개인이 기술과 지식을 습득하여 경제적 안정과 직업적 성취를 이루는 데 도움을 준다. 학교에서의 준비 교육은 개인으로 하여금 미래에 더 나은 직업 기회를 얻을 수 있도록 돕는다. 또한 학교는 개인을 사회적 존재로 성장하도록 돕는다. 아이들은 학교에서 다른 사람과 소통과 협력을 통해 사회적인 관계를 형성하는 기회를 얻는다. 가정이라는 소규모 영역에서 가족 구성원과의 관계는 일반적으로 전폭적인 지지와 애정에 기초한 관계이다. 학교는 보다 객관적인 시각에서 학생들이 자신을 바라보고 자신과 동등한 존재인 또래와 관계를 맺으며 이기심과 편협한 시각을 줄일 수 있게 된다. 학교에서 개인은 친구, 동료, 교사와의 상호작용을 통해 사회적 기술과 인격 형성을 도모할 수 있게 된다. 이러한 관점에서 볼 때, 학교는 사회와 국가의 발전뿐만 아니라 개인의 성장과 성공을 위한 중요한 기반이다.

피아제는 아동들의 놀이를 사회성 발달의 장이라고 여겼다. 아이들은 타인과의 상호 작용을 통해 자신을 사회적 대상으로 인식하게 되면서 사회성을 발달시킨다(Ahmad, S. et al., 2016; DeVries, R., 1997). 아동들은 놀이를 통해 다른 사람의 역할을 맡아 봄으로써 타인의 눈으로 자신을 볼 수 있게 된다. 학교 안에서 학생들의 생활도 이와 유사하다. 도덕 발달에 필수적인 규칙을 준수하는 법을 배우고 이를 존중하는 태도, 타인의 역할을 취할 때 요구되는 공감과 감수성의 발달을 촉진하고 자신과는 다른 존재를 알아가는 과정은 학교 안에서 아이들이 습득하고 배워야 하는 가장 소중한 과업이다. 에밀 뒤르켐은 자율성, 규율정신 그리고 사회집단에 대한 애착을 도덕성의 3요소로 제안하며 도덕적 사회화를 강조한 바 있다

(박형빈, 2018 재인용). 학교는 규칙과 질서를 통해 학생들에게 책임감과 규율을 갖도록 돕는다. 학생들은 규칙을 준수하고 다른 사람들을 존중하며 협력하는 과정에서 규율정신을 배운다. 예를 들어, 수업 시간에 집중하고 타인을 배려하는 행동은 학교생활을 통해 획득되는 중요한 덕목이다. 또한 학교는 학생들에게 다양한 사회적 상호작용의 기회를 제공함으로써 타인과의 연결감과 소속감을 강화하는 환경을 조성한다. 학급 활동이나 동아리 활동을 통해 학생들은 친구들과 협력하고 소통하는 방법을 익히며, 이를 통해 사회집단에 대한 애착과 소속감을 형성할 수 있다.

2) 가정과 학교의 차이는 무엇일까?

가정과 학교는 둘 다 아동의 사회화에 중요한 역할을 한다. 그러나 그 성격과 영향력에는 차이가 있다. 학교는 가정보다 더 넓은 사회적 맥락에서 아이들이 이기심을 극복하고 공동체의 일원으로 성장할 수 있는 기회를 제공한다. 학교에서 아이들은 가족보다 더 큰 규모의 사회에서 다양한 상호작용을 경험한다. 예를 들어, 학급 토론에서 다른 의견을 가진 친구들과 대화하거나, 팀 프로젝트를 통해 협력하는 과정에서 아이들은 복잡한 사회적 역학을 배우게 된다. 교사와의 관계를 통해 권위 있는 성인과의 적절한 상호작용 방식도 익힌다. 또한 학교는 다양한 배경과 관점을 가진 학생들이 모이는 곳이다. 예를 들어, 다문화 가정 출신의 친구, 장애를 가진 학우, 혹은 다른 종교를 가진 급우들과의 일상적인 교류를 통해 아이들은 다양성을 직접 경험하고, 타인을 이해하고 존중하는 방법을 배운다. 특히 학교는 공동체적 책임과 협력의 중요성을 강조한다. 학급 역할 활동, 학교 행사 준비, 또는 봉사활동 참여 등을 통해 학생들은 공동체의 일원으로서의 역할과 책임을 인식하게 되며, 이는 이기심을 극복하고 협력적이며 친사회적이고 이타적인 태도를 기르는 데 도움이 된다.

한편, 가정은 아이의 정서적 안정과 기본적인 가치관 형성에 중요한 역할을 한다. 가정에서 아이들은 부모와의 친밀한 관계를 통해 기본적인 신뢰와 애착을 형성하고, 가족 구성원들과의 상호작용을 통해 기초적인 사회적 기술을 습득한다. 또한 가정은 아이의 개별적 특성과 욕구에 맞춘 보다 개인화된 지원과 교육을 제공할 수 있다. 예를 들어, 가족 식사 시간, 방과 후, 휴가 중 대화를 통해 아이들은 자신의 생각과 감정을 표현하는 법을 배우고, 가족 규칙을 통해 기본적인 규율과 책임감을 기른다. 특히 가정은 아이들이 심리정서적, 사회적 안정과 지지를 경험하는 일차적 환경이다. 이러한 안정적인 기반은 아이들이 외부 세계를 탐험하고 새로운 경험에 도전할 수 있는 용기와 자신감을 제공한다. 가정에서의 긍정적인 경험은 아이들의 자아존중감과 정체성 형성에 중요한 영향을 미치며, 이는 학교와 더 넓은 사회에서의 성공적인 적응을 위한 토대가 된다. 가정은 아이들이 가장 편안하게 실수하고 배울 수 있는, 시행착오에 최적화된 안전한 환경을 제공한다. 부모의 적절한 지도와 피드백을 통해 아이들은 자신의 행동에 대한 책임감을 기르고, 문제 해결 능력을 발달시킬 수 있다. 이러한 과정은 아이들이 점차 독립성과 자율성을 획득하는 데 중요한 역할을 한다.

중요한 것은 가정과 학교가 상호보완적인 역할을 한다는 점이다. 가정에서의 기본적인 사회화와 학교에서의 확장된 사회적 경험이 조화롭게 이루어질 때, 아이들은 더욱 균형 잡힌 사회성을 발달시킬 수 있다.

3) 교육의 4주체는 누구이며 이들의 주된 역할은 무엇일까?

교육 과정에는 4가지 주요 주체가 있다. 교육의 핵심 4주체들은 학생, 교사, 학부모, 교장이라 할 수 있다. 이들이 교육의 주체가 되는 이유는 교육 생태계를 구성하는 핵심적인 역할과 책임을 수행하기 때문이다. 이들 각각은 교육의 질을 결정짓고 교육 목표 달성에 필수적인 역할을 한다. 이 때문에 이들 각각이 맡은 역할과 책임을 이해하는 것은 합리적이고 효과적인 교육을 위해 필수적이다. 각 주체는 교육 시스템을 구성하고 교육 프로세스에서 특정한 기능과 영향력을 가지며 교육 대상인 학생들의 교육 및 발전에 관여한다.

첫째, 교사는 교육 과정에서 매우 중요한 역할을 맡고 있다. 학생들의 지적 성장뿐만 아니라 인격 발달을 촉진하는 핵심적인 역할을 하며, 교육의 주체로서 교실에서 직접적인 교육을 제공한다. 예를 들어, 담임교사가 부재한 초등학교 1학년 교실의 수업 시간을 상상하면, 교사의 중요성을 쉽게 이해할 수 있다. 교사는 학습 환경을 조성하고, 학생들에게 맞춤형 지도를 제공하며, 학업, 성장, 사회적/정서적인 문제에 대해 조언하고 지원하는 역할을 한다. 이를 통해 교사는 학생들의 종합적인 발전과 학습 환경을 조성하는 데 중요한 역할을 수행한다.

교사의 주된 업무는 학생들을 교육하는 것이다. 이는 교사의 존재 이유와 직결되는 본질적 임무로, 학생 교육은 지적 성장, 이성의 개발, 인성 및 도덕성 발달을 포함한다. 교사의 교실 내 태도와 언행은 학생들의 도덕성에 큰 영향을 미치며, 교사의 의사소통 스타일과 교실 배치 등은 학생들의 습관, 태도, 인격 형성에 지대한 영향을 준다. 교사의 중요한 역할을 고려할 때, 학교 환경은 교사가 교육에 전념할 수 있도록 조성되어야 한다. 특히, 교사의 지속적인 성장을 지원하는 환경이 필요하다. 교육자의 직무를 효과적으로 이행하기 위해서는 법률적, 제도적 지원이 반드시 수반되어야 한다. 법률 개정은 교육자들이 본연의 교육 임무에 전념할 수 있는 여건을 조성하는 데 필수적인 요소라 할 수 있다. 결과적으로 교육 정책과 교원 양성 프로그램은 예비 교사뿐만 아니라 현직 교사들의 지속적인 학습과 발전을 지원하는 구조를 갖추어야 한다. 이를 통해 교육의 질적 향상과 교사의 전문성 신장을 동시에 도모할 수 있다. 이러한 접근은 교사의 전문성 개발이 개인의 노력에 그치지 않고, 교육 시스템 전반의 지원을 받아 이루어지는 지속적이고 체계적인 과정이 되도록 할 것이다.

둘째, 학생들은 교육의 수혜자이면서 동시에 주체이다. 학교에서의 경험을 통해 자아를 발전시키고, 자신의 학습에 책임을 지며, 교육의 주도적 참여자로서 역할을 한다. 학생은 학과 동료들과의 협력을 통해 자신의 잠재력을 개발하고, 책임감 있게 공부하며 성장해야 한다. 교육의 주체로서 학생은 자신의 목소리를 표현하고 학교생활에 적극적으로 참여하여 자신의 권리와 의견을 존중받을 수 있어야 한다. 동시에 자기 외의 다른 이들에 대해 존중할 수 있어야 한다. 학생으로서의 본분에 충실하고 주어진 역할에 책임을 다하며 학교 교칙과 질서를 준수하고 교사의 교육 활동을 따라야 한다. '학생(學生)'이라는 단어의 의미인 '배우고 성장하는 사람' 혹은 '교육을 받으며 성장하는 존재'는 이러한 학생의 역할을 잘 반영한다. 따라서 학생은 자신의 학습과 발전에 주체적으로 참여하는 역할을 맡으며, 공부에 적극적으로 임해야 한다. 이 과정에서 학생들은 '권리'뿐만 아니라 '책임'도 함께 지닌다는 점을 인식하는 것이 매우 중요하다.

셋째, 학부모는 자녀의 교육과 발달에 큰 영향을 미치는 주체이다. 부모는 자녀의 첫 번째 교사이자 학교의 교육 파트너이다. 자녀의 교육을 지원하고 도와주는 역할을 맡을 뿐만 아니라, 학교와 협력하여 자녀의 교육과 안전을 지원한다. 학부모는 자녀의 학습과 발달을 지원하고 도와주는 주체이다. 이는 숙제와 공부를 돕는 것뿐만 아니라, 자녀의 학교생활에 관심을 가지고 성적 및 행동에 대한 관심과 지원을 제공하는 것을 의미한다. 특히 자녀를 학교에 보내는 부모로서 학부모는 자녀의 자립성과 독립성을 촉진하고 책임감을 가지도록 격려해야 한다. 자녀의 자아 개발과 자기 관리 능력을 존중하면서 동시에 필요한 도움과 조언을 제공해야 한다. 그것은 자녀가 가정이라는 작은 규모의 사회에서 학교라는 보다 큰 규모의 사회 속에서 한 일원으로 성장해야 하기 때문이다. 학교 구성원으로서 학교 안에서 잘 성장한 아이들은 학교 졸업 이후 사회와 국가라는 더 큰 사회 속에서 온전한 구성원으로서의 역할을 할 것이다. 그렇기에 학부모는 학교와 긴밀한 협력을 유지해야 한다. 학교에서 제공하는 정보를 주시하고 교사와의 소통을 통해 자녀의 학습 상황과 발전을 지원하도록 노력해야 한다. 학교 행사, 동아리, 봉사활동 등의 협력교사나 보조교사로서의 참여를 통해 자녀의 발전을 도모할 필요가 있다. 동시에 자녀의 동료 학우들과 그들의 부모에 대한 존중과 협력의 자세를 갖출 것이 요구된다. '내 자식만 소중하다.'라는 이기적이고 편협한 사고방식에서 벗어나 '우리 아이들 모두 소중하다.'라는 포용적인 자세를 견지해야 한다.

넷째, 교장은 학교의 리더이자 학교 운영을 총괄하는 주체로서 매우 중요한 역할을 수행한다. 단순한 관리자를 넘어 학교의 운영과 교육 환경을 책임지는 리더로서, 교장은 학교의 비전과 교육 목표를 구체화하고 이를 달성하기 위한 방향을 제시한다. 교사, 학생, 학부모 간의 협력을 촉진하고 지원하여 학교 내 적절한 권위의 균형을 유지하며, 학교 운영과 교육 정책 수립에서 중요한 역할을 맡는다. 교장은 모든 구성원이 안전하고 건강한 환경에서 교육받을 수 있도록 조성하는 책임을 지며, 교사들의 자기계발을 지원하고 이끌어가는 리더십을 발휘한다. 또한 학교 안전과 질서를 유지하고, 학교 시설 관리, 인적 자원 관리 등을 효율적으로 운영한다. 더불어 교장은 학부모 및 지역사회와 긴밀한 협력 관계를 유지한다. 학부모와의 소통을 통해 학교와 가정과의 연계를 도모하고, 지역사회와의 연대와 협력을 강화한다. 이처럼 교장은 학교의 지도자로서 교사, 학생, 학부모, 지역사회 등과의 관계를 조화롭게 유지하고 학교의 비전을 실현하기 위해 다양한 역할을 수행한다. 이러한 교장의 종합적인 역할은 학교의 성과와 교육의 질을 높이는 데 매우 중요하다.

그러므로 모든 교육 주체는 자신의 권리를 인식하고 책임을 다하며 교육 공동체 내에서 합리적 권위를 바탕으로 한 건강한 상호작용을 추구해야 한다. 교육의 4주체는 서로 연계되어 있으며 각자의 역할과 책임을 충실히 수행함으로써 합리적 권위를 형성하고 교육 생태계를 건강하게 유지하는 데 기여할 수 있다. 우리나라에서 각 교육 주체를 지원하는 기관은 교육부라고 할 수 있다. 교육부는 국가적 차원에서 교육 정책을 결정하고 교육 시스템을 관리한다. 교육의 질을 향상시키기 위해 학교와 교육 기관들을 지원하고, 교육과정을 개선하며 교육 주체의 의무를 확인하고 권리를 보장해야 한다. 또한 학교의 공정성과 효율성을 유지하고 교육 기회의 평등성을 확보하기 위해 끊임없이 노력해야 한다.

04

공교육 정상화의 첫걸음:
교사의 합리적 권위 회복

대한민국의 공교육 체계는 지난 70여 년 동안 우리의 경제 발전과 자유 민주주의 확립에 기여하며 선진 국가로의 성장에 중요한 역할을 해왔다. 공교육은 우리나라 교육의 근간으로 개인적으로는 자신의 현 위치를 보다 상승 조정할 수 있는 중요한 도구이며, 사회적으로는 사회를 유지하고 발전시키는 필수 동력이다. 그러나 최근 한국의 공교육 현실은 미세 조정으로는 해결이 어려울 정도로 심각한 문제들을 안고 있는 듯 보인다. 교육 격차, 학교 폭력, 교권 침해와 같은 사회적 이슈를 포함해 사교육 시장 확대, 교육 양극화 심화, 교실 붕괴 등 우리 교육 현실을 우려하고 힐난하는 목소리가 근래 더욱 강력해졌다. 학교교육이 붕괴하고 있으며 이미 위기에 닥쳐있다고 지적하는 목소리도 높다. 우리 공교육은 학생들의 지적 성장과 인격 발달을 주된 목적으로 삼아야 함에도 불구하고, 종종 입시 위주의 편협한 교육이라는 비판을 받으며 사교육을 조장한다는 지적까지 받고 있다. 일각에서는 공교육이 국민의 기대에 부응하지 못한다며 그 존재 가치를 부정하고, 심지어 무용론까지 제기하고 있다. 한편에서는 가정 교육의 책임마저 공교육에 전가하려는 경향을 보인다. 우리는 한국의 공교육을 둘러싼 산적한 문제를 어떻게 근본적으로 해결할 수 있을까?

우리 교육의 산적한 현실적 과제들은 단순한 교육 과정 조정이나 경미한 개선으로는 해결될 수 없는 근본적인 문제들이다. 필요한 것은 정확한 문제 진단과 이를 해결하기 위한 적절하고 세부적인 지침이다. 이 지점에서 전문가의 식견과 구체적인 해법 제공이 요구되며, 이는 책임 있는 시스템 구축의 성패를 좌우한다. 응급실에 실려 온 위급한 환자 앞에서 누구나 신속한 치료의 필요성을 말할 수 있다. 그러나 실제 필요한 치료와 처치는 오직 전문 의료진만이 할 수 있다. 전문 영역인 교육도 마찬가지다. 교육 현안을 해결하기 위해서는 교육 체제 전반에 걸친 근본적인 개혁이 필요하며 이는 교사의 교육 활동 여건 개선, 교사 교육의 강화를 포함해야 한다.

공교육에 대한 정확한 진단은 이를 바라보는 적합한 관점과 기준에 의해서만 가능하다. 이 점에서 먼저, 공교육에 대한 관점의 전환이 요구된다.

첫째, 자유민주주의 사회에서 공교육이 제대로 작동하고 기능을 발휘하기 위해서는 공교육은 공공재라는 국민의식이 전제 되어야 한다. 그것은 공교육이 개인의 이익뿐만 아니라 사회 전체의 이익을 위해 존재한다는 광범위한 인식과 이해를 의미한다. 공교육은 단순히 개별 학생이나 가정의 사적인 이익을 위한 것이 아니라, 교육을 통해 건강한 사회를 만드는 데 기여하는 공동체 전체의 자산이며 자유민주주의 가치를 존속하게 하는 원동력이다. 다시 말해 공교육이 성공적으로 기능하기 위해서는 교육이 지닌 공공재로서의 가치와 중요성을 사회 구성원 모두가 인식하고 이를 기반으로 공교육에 대한 지원과 투자, 개선 노력이 이루어져야 한다. 국민의식이 공교육을 지지하고 가치를 부여할 때, 정책 입안자와 교육 담당자는 보다 나은 교육 환경과 기회를 학생 개개인에게 제공하기 위한 구체적이고 효과적인 조치를 취할 수 있게 될 것이기 때문이다.

둘째, 공교육의 학업적 측면만을 강조하는 현재의 사회 인식과 평가는 편향적 문제를 지니고 있음을 인식해야 한다. 교육은 지식 습득이나 학업 성취를 넘어서는 다면적 과업이다. 사회적 기술, 반성적 사고, 비판적 사고, 메타 인지, 삶의 지혜, 도덕적 가치, 문화적 이해, 타인 존중, 자기 절제와 통제, 이기심 극복, 사회정서 기술 등과 같은 요소들은 교육을 통해 아이들이 획득해야 할 것들이다. 이러한 요소들은 개인이 사회의 건강한 구성원으로 성장하는 데 필수적이다. 그것은 인간의 발달은 지적 발달만으로는 충분하지 않으며 정서적, 사회적, 윤리적 발달이 함께 이루어질 때 온전한 성장이 가능하기 때문이다. 이 때문에 학업적 측면에만 중점을 둔 시각은 학생들이 전인적으로 성장하는 데 필요한 다양한 경험과 학습 기회를 제한할 수 있다. 시험 성적만 좋은 아이가 반드시 인생에서 성공하며 행복한 삶을 살 것이라 장담할 수는 없다.

셋째, 가정교육의 역할과 책임을 인지하고, 이를 공교육에 전가하지 않아야 한다. 가정교육이 담당해야 할 기능을 공교육에 떠넘길 경우 아이들에게 부정적 영향이 있을 수 있다. 아이들의 전인적 발달, 가족 구성원 간의 친밀한 관계 형성에 의한 사회적 지지, 학습에 대한 동기 부여와 책임감 획득 등은 가정교육이 갖는 최대의 장점이다. 따라서 가정과 학교는 아이들의 교육과 건전한 성장을 위해 각자의 임무에 충실하며 서로 보완적인 역할을 해야 한다. 부모의 역할, 부모와 자녀 간의 교류, 가족 간에 보내는 시간 확보의 중요성이 도외시되어서는 안 된다. 아이들은 애착을 기반으로 성장하며 한 인간에 있어 가장 원초적이며 전폭적인 애착 형성의 터전은 바로 가정이기 때문이다. 특히, 밥상머리 교육은 이러한 애착 형성과 가족 간의 유대를 강화하는 중요한 시간으로, 부모와 자녀가 일상 속에서 자연스럽게 소통하고 가치를 공유하는 기회를 제공한다. 예를 들면, 어린 자녀들이 부모와 함께 식탁에 둘러앉아 음식을 먹으며 하루의 일상을 나누는 저녁 식사 시간은 아이의 건강한 성장과 발달에 필수적인 요소가 된다.

넷째, 공교육에서 관계 형성의 중요성을 인식할 필요가 있다. 학업 성취만을 강조하고 관계와 같은 비인지적 측면을 외면하면, 입시 부담 경감이라는 명목 하에 자유롭고 민주적인 시민으로서의 기본 소양, 도덕, 윤리를 간과하는 사태를 초래할 것이다. 사회적, 정서적 기술은 개인이 건강한 사회 구성원으로 성장하는 데 필수적이며, 이러한 기술 없이는 학생들이 직면할 사회적, 직업적 상황에 효과적으로 대응하기 어렵다. 또한 도덕적, 윤리적 가치는 개인이 공동체 내에서 책임감 있게 행동하고 다른 사람의 권리를 존중하며 공정하고 정의로운 결정을 내리는 데 도움을 준다. 지적 성장만 강조하면서 이러한 가치를 간과하면 학생들의 전인격적 발달과 사회적 기술을 개발하는 데 필요한 기회를 잃게 된다. 이는 결국 학업에만 편향되어 있는 공교육의 문제를 더욱 악화 시키는 기제가 될 것이다. 이 때문에 현재 우리 공교육이 학교에서 마땅히 이루어져야 할 '타인과의 올바른 관계성 형성'에 대해 무지나 무시 또는 외면하고 있지 않는지 되돌아볼 필요가 있다. 다른 사람과 건강한 관계를 형성하고 더불어 살 수 있는 능력은 교육과 연습을 통해 얻을 수 있다. 같은 반 친구를 존중하며 바른 인사 예절을 지키고 감정적 흥분이나 격분 가운데에서도 적절한 감정 표현을 할 수 있는 것은 결코 저절로 얻어지는 것이 아니다. 초등학교 저학년의 어린 아이라 할지라도 자신의 감정을 제대로 다스리는 훈련이 되어 있지 않을 경우, 작은 촉발 사건에 의해 옆 짝꿍에게 심각한 위해를 가하게 될 수도 있기 때문이다. 인격형성의 인큐베이터로서의 공교육 역할을 재확인할 것이 요구된다.

다음으로, 우리 학교 교육 현장의 이슈인 교권 저하, 학교폭력, 공교육 약화, 사교육비 급등 문제의 핵심 원인을 규명하고 이에 대한 구체적인 해결 방안 및 대응 전략이 필요하다. 가장 시급한 것은 '교사의 역할 재정립'이다. 현재 공교육의 문제 해결 키워드는 바로 교사이다. 사회는 교사가 자신의 본연의 임무에 충실할 수 있도록 제반 여건을 구비해 주어야 한다. 교사의 주된 책무는 학생 교육이다. 앞에서도 언급한 바와 같이 이 것은 크게 두 가지 측면에서 설명 가능하다. 하나는 학생들의 지적인 학습이며 다른 하나는 인성교육이다. 즉, '교과교육'과 '생활지도'이다. 교과교육자로서의 교사의 임무는 ①교과 전문가, ②평생 배움자 ③수업 전문가 ④ 수업 연구가이다. 이를 구체적으로 살펴보면 다음과 같다.

먼저 교과교육자로서의 교사의 임무는 다음과 같이 구체화할 수 있다. 첫째, 교과 전문가로서의 교사이다. 교사는 자신이 담당하는 교과목에 대한 깊은 지식을 가지고 있어야 하며 학생들에게 정확하고 풍부한 내용을 제공할 수 있어야 한다. 이를 위해서는 해당 분야의 최신 연구 결과와 동항을 지속적으로 학습하여 교육 내용을 끊임없이 업그레이드해야 한다. 이 때문에 둘째, 평생 학습자로서의 교사이의 역할이 요구된다. 교사는 지속적인 자기계발로 평생 학습의 자세를 갖고 교육 방법론, 교과 내용, 교육 기술 등에 대한 지식을 지속적으로 갱신해야 한다. 이를 위해서는 반성적 실천의 자세로 자신의 수업 방법과 학생들의 반응을 지속적으로 평가하고 그 결과를 바탕으로 수업을 개선하는 과정에 참여해야 한다. 예를 들면, AGI 시대, AI 디바이스나 디지털 교육 도구를 적절히 수업에 활용하기 위해 AI 리터러시나 디지털 역량, AI 디바이스 활용 기술을 향상시키는 것을 들 수 있다. 셋째, 수업 전문가로서의 교사이다. 교사는 효과적인 수업 설계 역량을 함양해 학습 목표에 부합하는 수업 계획을 세우고 다양한 학습자의 요구를 충족시킬 수 있는 전략을 개발해야 한다. 또한 학생들이 수업에 적극적으로 참여하도록 동기를 부여하고 다양한 학습 스타일을 수용하는 방식으로 수업을 진행해야 한다. 이를 위해서는 넷째, 수업연구자로서 학습자로서의 학생들에 대한 특성 파악과 적합한 교수 방법에 대한 연구 등이 요구된다. 이를 위해 학습자 이해뿐만 아니라 교과 내용 이해도 필요하다. 교육 관련 연구에 참여하여 교육 이론과 실천 사이의 간극을 좁히기 위해 노력해야 한다.

다음으로 교사의 역할은 지식 전달과 학생들의 인지 발달 도모를 넘어 이들의 전인적 성장을 모색하고, 교육 과정 내에서 다양한 역할을 수행하는 것을 포함한다. 학생 생활지도자로서의 교사의 업무는 학생들의 인격 교육, 인성개발, 교육자로서의 역할이다. 첫째, 인성교육전문가로서의 교사이다. 학생들이 사회 구성원으로서 필요한 가치와 태도를 내면화할 수 있도록 지도해야 한다. 이는 책임감, 존중, 공정성 등을 포함한다. 둘째, 사회적 기술 개발자로서의 교사이다. 학생들이 효과적인 의사소통, 협력, 갈등 해결 등의 사회적 기술을 개발할 수 있도록 지원한다. 셋째, 자기관리 교육자로서의 교사이다. 교사는 학생들이 자기 인식과 자기 관리를 통해 감정과 행동을 인식하고 관리할 수 있는 능력을 개발하도록 지도한다. 이는 자기통제, 스트레스 관리, 회복탄력성, 그릿, 성장 마인드셋, 목표 설정과 같은 자기 관리 기술을 포함한다. 넷째, 학생 이해자로서의 교사이다. 교사는 학생 개개인의 배경, 특성, 필요, 강점 및 도전 과제를 깊이 이해하고 이러한 이해를 바탕으로 학습자 중심의 교육을 실천하는 것을 목표로 한다. 이 역할은 다양성 존중, 강점 기반 접근과 같은 개별 학생 이해와 개별화된 지원과 안전한 학습 조성과 같은 개입을 들 수 있다. 교사가 학생의 인성교육자로서의 역할을 효과적으로 수행하기 위해서는 깊은 공감 능력, 관찰력, 학생들과의 효과적인 의사소통 기술이 필요하다. 이를 통해 교사는 학생들의 개별적인 요구를 이해하고 각 학생이 자신의 잠재력을 최대한 발휘할 수 있는 지원을 제공하여 궁극적으로 학생들의 인격발달, 바람직한 인성형성을 도모할 수 있다.

강조하는 바는 교사의 책무가 교과교육자와 생활지도자라는 2가지 외의 일로 덧입혀지거나 방해받아서는 안 된다는 점이다. 전자와 관련하여, 교사는 가르치기 위해 끊임없이 배우고 고민해야 한다. 그러기 위해서 교사가 가르치고 배우는 일에 전념할 수 있는 여건이 구비되어야 한다. 그런데 현재 우리나라 교육 현장에서 교사의 일과는 어떠한가? 교사가 학교에서 근무하는 동안 전적으로 학생들을 가르치고 전문성을 향상하는데 전력을 다할 수 있는 환경인가? 우리 선생님들은 많은 잡무와 민원에 시달리고 있지 않은가? 학생 교육 활동에 필요하지 않은 공문 수발을 위해 수업 연구에 할애하는 시간을 희생해 가며 업무를 처리하고 있지 않은가? 때로 학부모의 민원을 처리하느라 정작 아이들 지도에 온전히 마음과 시간을 쏟지 못하지는 않는가? 이것이 과연 바람직한 일일까? 후자와 관련하여 학생들의 생활지도를 생각하면 교사의 교육활동 환경은 더욱 척박하다.

교실은 작은 사회이다. 아이들은 교실이라는 사회 속에서 자신의 역할, 책임, 다른 사람과 소통하는 법 그리고 타인과 더불어 살아가는 법, 결과적으로 타인을 존중하는 법을 배우게 된다. 교사는 이 사회의 질서 유지를 위한 '권위자'이자 아이들을 보호하는 '보호자'이다. 그런데 이것은 교단에서 교사의 '합리적 권위'가 제대로 인정받을 때 가능하다. 이를 위해서는 학부모의 지혜와 노력이 요청된다. 그것은 부모의 선생님에 대한 태도와 존경심이 고스란히 아이에게 전이되기 때문이다. 학부모의 교사에 대한 험담은 여과 없이 아이에게 영향을 준다. 즉, 아이도 선생님을 함부로 대하게 된다. 이 때문에 부모가 먼저 교사를 존중하고 교사의 합리적 권위를 세워줄 필요가 있다. 부모의 태도와 말 한마디가 아이들에게 전적으로 전달된다는 것을 잊지 말아야 한다. 학부모는 교사를 지식 상품을 제공하는 판매자로 여기며 군림하려는 비합리적인 고객이 되어서는 안 된다. 교사와 학부모의 관계는 상호 동등한 협력자 관계이지 주종 관계가 아니기 때문이다.

05

행복한 교사가 만드는
행복한 학생:
공교육 해체를 막기 위한 마지막 탈출구

2006년 일본 도쿄 신주쿠 구립 초등학교에서 일하던 23세 여성 교사가 자택에서 스스로 생을 마감한 사건이 발생했다. 대학 졸업 후 신규 교사로 부임하여 담임을 맡고 있던 해당 교사는 과중한 업무에 시달렸던 것으로 알려졌다. 사건 발생 이전 우울증 진단을 받은 바 있으며, "무책임한 제 자신을 용서해주세요. 모든 것은 제 무능함 때문입니다."라는 유서가 발견됐다. 유족의 공무상 재해 신청에 2008년 도지부(都支部)는 직장의 지원에도 발병했다고 판단하여 개인적 요인이 상대적으로 강력한 원인이라고 판정해 공무상 재해로 인정하지 않았다. 그러나 이 판결에 대해 상담이 가능한 동료가 없었으며 상담하기 어려운 상황이었음을 이유 들어 지원이 불충분했다는 지적이 제기되었다. 2010년 이 사안은 직장의 지원 부족 원인이 받아들여져 공무상 재해로 인정 되었다. 더불어 수업과 학급 관리에 불안을 느낀 상태에서 학부모로부터 '결혼, 육아 경험이 없다'는 지적을 받거나, 교장으로부터 학부모가 '저 선생님은 믿을 수 없다'고 말하고 있다는 내용을 전달받았다는 점도 포함되었다. 도지부(都支部)는 해당 사건이 강도 높은 정신적 스트레스가 중복되어 발병하였으며 자살에 이르렀다고 판단했다. 2008년 처분에 불복 신청했던 유족은 '오랜 시간 힘들었는데 판결에 감사하다'고 전했다. 해당 교사의 아버지는 기자 회견에서 '감사하다. 유서에 있던 것처럼, 딸이 무책임이나 무능하지 않았음을 보여줬다. 이러한 비극이 반복되지 않도록 젊은 선생님들을 지원하는 시스템을 만들어 달라'고 호소했다.[3]

2016년 일본의 한 언론은 '교사의 휴직과 자살 급증 배경에 소비자 감각의 학부모들'이라는 제목의 기사를 냈다. 기사는 정신 질환으로 휴가를 내는 선생님들이 급속히 증가하고 있다는 충격적인 데이터를 제시했다. 문부과학성의 발표에 따르면, 교사들 중 정신 질환으로 인한 병가 비율이 지난 10년 동안 약 3배 증가했다고 보도했다. 교사의 스트레스 원인으로 '몬스터 부모'의 증가가 주목되고 있으며, 교사가 학부모를 상대로 한 소송이나 학부모의 불만 처리 등으로 인한 교사 자살도 발생하고 있다고 지적했다. 이러한 경향이 생긴 배경에 대해 핵가족화로 인한 부모의 고립, 저출산 악화에 따른 자녀 중심주의, 소비자적 감각으로 학교에 불만이나 이의를 제기하는 학부모의 증가 등이 지적되었다. 교사의 잡무 부담 가중도 제기되었다.[4]

일본에서는 2006년 여교사 사망 사건을 계기로 교사에게 비상식적인

---

3   https://www.asahi.com/edu/student/news/TKY201003050447.html, (검색일: 2024.1.5)

4   https://news.line.me/detail/oa-shujoprime/u82fn5p4yl9v (검색일: 2024.1.5)

요구와 행동을 하는 학부모를 일컫는 '몬스터 페어런츠(モンスタ__·ペアレント)'라는 용어가 생겨나기도 했다. 교육 현장의 변화와 일련의 사건들은 오랜 기간 선망의 직업이었던 교직을 기피 직종으로 바꾸는 동기가 되었다. 연구년 시절에 만난, 캘리포니아에 방문학자로 와 있던 일본인 교수는 현재 일본 교육계의 가장 큰 문제는 교사 부족과 교사 직업에 대한 부정적인 인식의 만연이라고 토로했다.

대한민국의 교단은 어떠한가? 우리의 선생님은 안녕한가? 교권 하락, 교실 붕괴 현상은 10여 년 전의 일본의 모습과 매우 닮아있지 않은가? 더구나 우리 또한 2023년 7월 가슴 아픈 사건을 경험하지 않았는가?

우리 교육이 처한 위기는 교사를 대상으로 한 직업만족도 조사에서도 여실히 드러난다. 2023년 한국교총이 실시한 '교원 인식 설문 조사'에서 교직에 만족한다.'는 응답은 23.6%에 그쳤는데 이는 2012년 이후 가장 낮은 수치였다.[5] 교사의 직업 만족도와 행복은 교육의 질과 학생들의 학업 성취도에 중대한 영향을 미친다는 점에서 간과할 수 없는 부분이다.

교사의 행복은 단순히 교사 개인을 넘어 학교 교육의 질과 직결된다. 교육에서 교사의 역량이 학업 성취도에 미치는 영향 분석에서 연구자들은 교사의 질적 차이가 학생들의 성적 향상에 큰 영향을 미치고, 초등학교 전반에 걸쳐 양질의 교육이 낮은 사회경제적 배경과 관련된 불이익을 상당 부분 상쇄할 수 있음을 보여주었다고 결론지었다. 교사의 질적 차이

---

5 https://www.chosun.com/national/national_general/2023/05/15/
   KK2ZD2NBRBDMZHY2AL5Z6BQK5I/ (검색일: 2024.3.1)

가 학생 성취도에 유의미한 영향을 준다(Rivkin, S. G., Hanushek, E. A., & Kain, J. F., 2005)는 점에 주목할 필요가 있다. 교사의 웰빙이 교육 전반에 미치는 긍정적인 효과를 인식하고 이를 통해 공교육 시스템의 지속 가능성을 확보하는 방안을 모색해야 한다.

　행복한 교사는 더 창의적이고 동기 부여가 되며 학생들과의 긍정적인 관계를 형성하는 경향이 있다. 이는 학습 환경을 건설적으로 변화시키고 학생들의 학업 성취도와 정서적 웰빙에 직접적으로 기여한다. 이러한 차원에서 교육 정책에서 교사의 행복 증진 필요성에 대한 인식 개선과 이를 위한 구체적인 실천적 노력과 지원이 반드시 필요하다. 교육 정책 입안자들은 교사의 행복이 학교 교육의 질과 직접적으로 관련이 있다는 점을 인식하고, 이를 정책 수립 과정에서 중요한 고려 사항으로 삼아야 한다. 이는 교사의 업무 부담 경감, 교육 환경 개선, 적절한 보상 체계 마련, 교육 활동 적극 지원, 학생 생활지도에 대한 합당한 권한 부여, 학부모 민원에 대한 학교 및 교육지원청 차원의 대처 등을 통해 이루어질 수 있다. 예를 들면, 교사의 전문성과 자아실현을 지원하는 지속적인 전문성 개발 기회 제공은 교사의 행복과 직업 만족도를 높이는 요인으로 작용한다. 이는 최신 교육 방법론, AI 정보기술 도구 사용, 학생들의 다양한 학습 필요에 대응하는 방법 등을 포함할 수 있다. 더불어 교사 자신을 돌볼 수 있는 교육 환경이 구축되어야 한다. 교사의 신체 건강, 정신 건강, 심리적 스트레스, 업무 피로를 완화시킬 수 있는 실효성 있는 지원 시스템이 마련되어야 한다. 예를 들면, 정기적인 건강 진단과 상담 서비스 제공, 업무 부담을 줄이기 위한 행정 지원, 교육 정책 수립 과정에서 교사의 의견 반영과 참여 기회 제공, 그리고 전문적 성장을 위한 연수 프로그램 등이 필요하다.

교사가 자신의 역량을 지속적으로 발전시키고, 자신을 돌보며, 합리적인 권위로 학생들을 교육하고 지도할 수 있는 환경이 조성된다면, 이는 곧 교실 내외에서 학생들의 긍정적인 변화로 이어질 것이다. 또한 학교 커뮤니티 내에서 긍정적이고 지지적인 문화를 조성하는 것은 교사의 웰빙을 증진시키는 데 중요하다. 이는 교사들 간의 협력적인 관계를 촉진하고, 교사와 학생, 학부모 간의 긍정적인 상호작용을 장려할 것이다. 핵심적인 것은 법적 제도의 마련이다. 정당한 교사의 교육 활동을 보장하고 보호할 수 있는 법적 안전망이 구축되어야 한다.

우리는 무엇을 할 수 있을까? 예를 들면, 교육 시스템 내에 '교사 웰빙 프로그램' 도입이 가능하다. 이러한 프로그램은 교사의 스트레스 관리, 업무와 개인 생활의 균형, 전문적 성장 기회 제공, 악성 민원으로부터의 보호를 위한 장치 등을 포함할 수 있다. 핵심적인 사항은 교사의 목소리를 존중해야 한다는 것이다. 교육 정책과 학교 운영에 있어 교사들의 의견과 피드백을 적극적으로 수렴하는 것이 중요하다. 교사의 전문성을 존중할 때, 교사의 업무 만족도와 행복감은 크게 증진될 것이다.

06

생성 AI시대 주도권을 가진 교사와 보조로서의 AI 디바이스:

단순 암기, 추론 능력을 넘어 메타 인지 키우기

생성 AI 시대의 도래는 교육 분야에 혁신적인 변화를 가져오고 있다. 이러한 변화의 중심에는 AI 디바이스가 있으며 이는 학습 방식을 근본적으로 전환시키고 있다. 과거 교육 시스템은 주로 내용 전달과 학생들의 수용력에 중점을 두고 있었지만 AI의 통합은 개인별 맞춤형과 학습자 중심을 촉진할 잠재력을 가지고 있다. 특히 생성 AI의 등장은 교육 분야에서 혁명적인 변화를 불러올 수 있다.

AGI 시대와 같은 기술 변혁 사회에서 학생들에게 요구되는 역량은 전통적인 암기와 이해라기보다 창의적이고 비판적인 사고이다. 예를 들면, 프롬프트 작성 능력은 생성 AI와 같은 기술을 효과적으로 활용하기 위한 핵심 역량 중 하나로 부상하고 있다. 명확한 질문 형성 능력은 학생들이 자신의 질문이나 요구를 정확히 표현할 수 있게 하며 이를 통해 생성 AI로부터 원하는 정보나 결과를 효율적으로 얻을 수 있도록 돕는다. 그렇기에 학교 현장은 AI의 가능성을 최대한 활용하되 야기되는 부작용을 경계하면서 학생들이 스스로 질문을 발견하고 탐구하는 능력을 개발할 수 있는 환경으로 조성되어야 한다.

그런데 학생들을 '대답을 잘하는 학생'에서 '질문을 잘하는 학생'으로 교육하는 데는 교사의 역할이 절대적이다. 그 이유는 무엇일까? 첫째, 교사는 학생들의 비판적 사고력 함양에 핵심적인 역할을 한다. 교사는 맥락 이해의 제공자로서 학생들이 주어진 정보를 종합적인 시각에서 파악하도록 돕는다. 생성 AI가 제공하는 정보는 완벽하지 않기에 학생들은 이를 무비판적으로 수용하는 것이 아니라, 그 정보의 타당성과 신뢰성을 평가할 수 있는 능력을 키우는 것이 중요하다. 교사는 학생들에게 질문을 던지고, 다양한 관점에서 문제를 바라볼 수 있도록 유도함으로써 이러한 능력의 개발을 도울 수 있다. 학생들은 이를 통해 정보의 진위를 확인하고 새로운 질문을 생성하고 문제를 해결하는 일종의 AI 리터러시 능력을 키울 수 있다.

둘째, 교사는 협업과 소통 능력 개발의 조력자이다. 미래 사회에서는 인간과의 협력뿐만 아니라 AI와의 협업 능력도 중요하다. 교사는 학생들이 다양한 배경과 관점을 가진 동료들과 효과적으로 소통하고 협력할 수 있는 능력을 개발하도록 돕는다. 타인과의 효과적인 소통을 위해 학생들은 경청, 존중, 배려, 이해 등의 태도를 함양해야 한다. 이러한 복합적인 사회적 기술과 정서적 역량은 학생들의 행동과 품성을 종합적으로 관찰하고 평가할 수 있는 '인간 교사'에 의해서 진정으로 교육되고 발전될 수 있다. AI는 정보 제공과 기술적 지원은 가능하지만, 인간 특유의 공감 능력과 상황 맥락에 대한 이해를 바탕으로 한 섬세한 지도에 있어 아직까지 충분한 수준이 아니다. 따라서 이러한 인성 교육의 핵심 요소들은 인공지능이 아닌, 풍부한 경험과 전문성을 갖춘 인간 교사의 지도하에 효과적으로 습

득되고 내면화될 수 있다

셋째, 교사는 윤리적 판단력 개발의 조력자이자 AI 리터러시 교육의 주체이다. 교사는 학생들이 AI 기술을 효과적이고 책임감 있게 활용할 수 있도록 AI 리터러시를 교육하는 중요한 역할을 담당한다. 이는 단순히 AI 도구의 사용법을 가르치는 것을 넘어, AI의 한계와 잠재적 편향성을 인식하고 이를 비판적으로 평가할 수 있는 능력을 키우는 것을 포함한다. AI 기술의 발전으로 인해 발생하는 다양한 윤리적 문제들에 대해 학생들이 고민하고 판단할 수 있는 능력을 키우는 것이 중요하다. 교사는 AI 활용에 따른 윤리적 딜레마를 제시하고, 학생들이 이에 대해 깊이 있게 사고하고 건설적 토론을 할 수 있는 환경을 조성함으로써 윤리적 판단력을 개발하는 데 기여한다.

넷째, 교사는 정서적 지원과 인간적 상호작용의 제공자이다. AI는 정보 제공과 학습 지원에는 뛰어난 수행을 보일 수 있지만, 학생들의 정서적 필요를 충족시키고 이에 적절히 반응하기에는 한계가 있다. 교사는 학생 개개인의 상황과 정서심리 상태를 이해하고 이들에 적합한 정서적 지원이 가능하다. 인간 교사는 학생들에게 공감과 이해를 제공하고, 개인적인 경험과 지혜를 공유함으로써 인간적인 상호작용을 통한 학습 경험을 제공한다. 문제를 성공적으로 푼 학생에게 AI 디바이스가 칭찬의 멘트와 이모티콘 같은 정서적 표현을 나타낼 수 있다 하더라도, 이는 해당 학생에 대한 인간 교사의 진심 어린 격려와 토닥임과는 비교하기 어렵다. 교사의 정서적 지지는 학생들의 전인적 성장에 필수적이다.

다섯째, 교사는 학생들의 메타인지 개발의 촉진자이다. '잘 질문하는 학생'이 되기 위해서는 자신의 학습 과정을 모니터링하고 평가할 수 있는 메타인지 능력이 중요하다. 교사는 학생들이 스스로 자신의 사고 과정을 인식하고 반추하여 개선할 수 있도록 도와주는 역할을 할 수 있다. 이를 위해 교사는 다양한 전략을 사용할 수 있다. 예를 들어, 학생들에게 학습 목표를 명확히 설정하도록 유도하고, 학습 후 자신의 성과를 평가하게 하며, 실패의 원인을 분석하고 대안을 모색하는 과정을 지원할 수 있다. 또한 교사는 학생들이 자신이 이해한 내용을 설명하도록 하고, 학생 간 상호 피드백을 주고받는 활동을 통해 메타인지 능력을 향상시킬 수 있다. 자신의 학습 과정을 계획하고 모니터링하며 평가하고 조절하는 능력은 학생들이 능동적 그리고 숙고적 학습자로서 고민하며 참여할 때 가능하다.

여섯째, 교사는 학생들의 학습 동기 부여자로서 중요한 역할을 한다. 학생들이 학습에 대한 동기를 가지는 것은 학습의 성패를 좌우하는 중요한 요소이다. 교사는 다양한 방법을 통해 학생들의 학습 동기를 유발하고 유지시킬 수 있다. 예를 들어, 실생활과 연관된 사례를 통해 수업 내용을 설명하거나, 학생들이 직접 참여하고 경험할 수 있는 활동을 마련할 수 있다. 이러한 접근은 학생들이 학습의 의미와 목적을 이해하고, 학습에 대한 흥미를 가지게 한다. 또한 교사는 학생들에게 목표를 설정하고 그 목표를 달성하기 위한 구체적인 계획을 세우도록 돕는다. 목표 설정은 학생들이 자신의 학습 진도를 확인하고, 성취감을 느낄 수 있게 한다. 이 과정에서 교사는 학생들에게 적절한 피드백을 제공하여 그들이 스스로의 발전을 인식하고, 더욱 노력할 수 있도록 격려해야 한다. 더 나아가 교사는 학생들에게 자율성을 부여하고, 그들이 자신의 학습 과정을 주도적으로 이끌어갈 수 있도록 지원하는 역할을 한다. 학생들이 자신의 학습 방법과 속도를 선택할 수 있게 하면, 학습에 대한 주인의식을 가지게 되고, 이는 학습 동기의 증진으로 이어진다. 교사의 학생들의 노력과 성취의 인정이나 칭찬과 같은 긍정적인 강화는 학생들이 자신감을 가지고 지속적으로 노력하게 만드는 중요한 요소이다.

결론적으로 AI 기술은 교육 현장에서 강력한 도구로 활용될 수 있지만, 인간 교사의 역할을 완전히 대체할 수도 없고 대체해서도 안 된다. 교사는 AI 디지털 교과서, AI 디바이스를 수업의 보조 도구로 활용하여 더욱 효과적인 학습 환경을 조성할 수 있다. AI는 정보 제공과 개별화된 학습 지원을 담당하고, 교사는 학생들의 비판적 사고력, 창의성, 윤리적 판단력, 협업 능력, 학습 동기, 정서적 성장 등을 이끄는 핵심적인 역할을 수행해야 한다. 이를 통해 학생들은 단순히 정보를 습득하는 것을 넘어, 스스로 질문을 생성하고 해답을 탐구하는 능동적인 학습자로 성장할 수 있을 것이다.

미래 교육의 성공은 AI 기술의 효과적인 활용과 함께, 인간 교사의 전문성과 지혜를 어떻게 조화롭게 결합하느냐에 달려 있다. 중요한 것은 교실에서 수업의 주도권이 교사에게 놓여있지 않는다면 학생들의 학습 동기와 집중력, 학업 성장을 충분히 기대하기 어렵다는 점이다. 따라서 '인간 교사'와 '보조 도구로서의 AI 디바이스'의 역할을 명확히 구분하는 접근을 통해서 우리는 학생들이 빠르게 변화하는 세상에 적응하고 번영할 수 있는 실제 능력을 갖추도록 준비시킬 수 있을 것이다.

교육이라는 기간산업(基幹産業):
초저출산, 인구절벽,
고령화 사회 대응 핵심 솔루션

교육은 사회적, 경제적 발전의 기반이며 지속 가능한 미래를 위한 핵심 요소이다. 특히 초저출산, 인구 절벽, 고령화 사회라는 도전에 직면한 오늘날, 교육이라는 기간산업은 이러한 변화에 대응하는 핵심 솔루션이라 할 수 있다.

첫째, 초저출산과 인구 절벽은 노동력 부족, 경제 성장 둔화, 사회 보장 시스템에 대한 부담 증가 등 다양한 사회적 문제를 야기한다. 우리나라의 합계출산율은 급격히 감소하고 있다. 2022년 0.78명으로 0.7명대에 진입했고, 2023년에는 0.72명으로 더욱 낮아졌으며, 2024년에는 0.68명까지 하락할 것으로 전망된다. 한국의 초저출산 현상에 대한 국제사회의 반응은 우려와 충격을 나타내고 있다. 뉴욕타임스의 한 칼럼니스트는 한국의 출산율 하락을 "14세기에 유럽을 덮친 흑사병이 몰고 온 인구 감소를 능가하는 결과"라고 표현했다. 일본의 경제지 '머니1'은 한국 경제의 저성장

추세를 언급하며 '한국은 끝났다'라는 충격적인 제목의 기사를 게재했다. 이러한 상황의 심각성은 대중문화에도 반영되고 있다. EBS 다큐멘터리에서 한국의 출산율을 접한 한 미국 대학 교수가 "대한민국 완전히 망했네요. 와!"라며 양손으로 머리를 부여잡는 장면은 인터넷 '밈'이 되어 널리 퍼졌다. 이는 한국의 초저출산 문제가 국내외에서 얼마나 심각하게 받아들여지고 있는지를 단적으로 보여주는 예시이다.[6] 이를 고려할 때, 교육은 인적 자원의 질을 향상시키는 데 중점을 둘 필요가 있다. 고도화된 기술 교육과 창의력, 비판적 사고 능력을 강조하는 교육은 학습자들이 미래 사회에서 요구되는 유연성과 적응력을 갖추도록 한다. 또한 평생 교육 체계의 강화는 모든 연령대가 변화하는 노동 시장에 효과적으로 대응할 수 있게 도와준다. 아울러 교육은 사회구성원들이 결혼을 통해 가정을 형성하는 것이 지니는 의미를 깨닫게 하는데도 도움으로 작용할 수 있다.

둘째, 고령화 사회는 공공 지출 증가, 의료 및 복지 서비스에 대한 수요 증가를 가져온다. 우리나라의 고령화 현실은 최근 통계를 통해 더욱 뚜렷하게 드러나고 있다. 행정안전부의 2023년 주민등록 인구통계 자료에 따르면, 70대 이상 인구가 20대 인구를 앞지른 것으로 나타났다. 이는 우리나라의 급격한 인구 구조 변화를 보여주는 중요한 지표이다. 더불어 생산 가능 인구와 초등학교 입학 예정 인구의 감소세가 지속되고 있으며, 노인 1인 세대가 다수를 차지하는 현상이 두드러지고 있다. 국제연합(UN)은 65세 이상 고령인구 비율이 20% 이상일 때 해당 국가를 초고령사회로 분류한다. 2023년 우리나라의 65세 이상 고령인구 비율은 19%를 기록했

---

6 https://www.sisain.co.kr/news/articleView.html?idxno=51890 (검색일: 2024.1.25)

다. 이는 우리나라가 초고령 사회 진입을 목전에 두고 있음을 의미한다. 이러한 통계는 우리나라가 직면한 고령화의 심각성을 명확히 보여주며, 향후 사회경제적 구조 변화에 대한 대비가 시급함을 시사한다.[7] 학령인구 감소 또한 심각한 수준에 이르렀다. 2024년 초등학교 신입생 수는 사상 처음으로 30만 명대로 감소했다. 이는 우리나라 교육 시스템의 근간을 흔들 수 있는 중대한 변화다. 더욱 충격적인 것은 교육부가 보도참고자료를 통해 공개한 통계다. 2024학년도에는 취학대상아동이 전혀 없는 초등학교가 157개교에 달하는 것으로 집계되었다. 이는 일부 지역에서 학교의 존립 자체가 위협받고 있음을 의미한다. 이러한 현상은 단순히 교육 분야의 문제를 넘어, 지역 사회의 존속과 국가의 미래 인적 자원 확보에 심각한 영향을 미칠 수 있는 사안이다[8]

우리는 이러한 절박한 난제들을 어떻게 해결할 수 있을까?

교육은 이러한 문제에 대한 해결책을 제공하는 데 중요한 역할을 할 수 있다. 교육을 통해 고령 인구가 사회에 계속 기여할 수 있도록 지원할 수 있다. 시니어 대상의 디지털 교육 프로그램은 기술 격차를 해소하고 고령층의 사회적 참여와 경제 활동을 촉진할 수 있다. 고령화 사회에 필요한 의료 및 복지 전문가 양성을 위한 교육 프로그램 확대는 해당 분야의 인력 부족 문제를 해결하는 데 기여할 수 있다. 간호사, 사회복지사, 물리치료사 등의 전문 인력을 양성하는 교육 프로그램을 강화하여 고령 인구의 증가에 따른 의료 및 복지 서비스 수요에 대응할 수 있다. 은퇴 이후의 고

7 https://www.hani.co.kr/arti/area/area_general/1123825.html (검색일: 2024.2.16)

8 https://www.dongbangilbo.co.kr/news/articleView.html?idxno=25787 (검색일: 2024.2.28)

령 인구가 새로운 기술을 배우고, 이를 통해 창업이나 재취업을 할 수 있도록 지원하는 프로그램도 마련해야 한다. 이러한 프로그램은 고령층이 사회에 활발히 참여할 수 있는 기회를 제공하여, 사회 전체의 생산성을 높이는 데 기여할 수 있다.

또한 교육은 젊은 세대와 고령 세대 간의 세대 간 이해와 협력을 증진하는 역할을 할 수 있다. 이를 위해 다양한 세대가 함께 참여하는 학습이나 활동 프로그램을 도입하여 서로의 경험과 지식을 공유할 수 있도록 해야 한다. 예를 들어, 청소년과 고령자가 함께 참여하는 프로젝트 기반 학습 프로그램은 세대 간의 벽을 허물고 상호 이해를 증진시키는 데 큰 도움이 될 수 있다. 학교와 지역 사회가 협력하여 다양한 세대가 함께하는 커뮤니티 프로그램을 운영함으로써 고령층의 사회적 고립을 방지하고 젊은 세대가 고령층으로부터 배울 수 있는 기회를 제공할 수 있다.

교육은 사회적 포용성과 다양성을 증진하는 데도 중요한 역할을 할 수 있다. 다양한 배경을 가진 학생들이 평등하게 교육을 받을 수 있도록 지원함으로써 사회적 통합을 촉진할 수 있다. 이를 위해 다문화 교육 프로그램을 확대하고, 장애 학생을 위한 특수 교육 서비스를 강화하며, 경제적으로 취약한 계층을 위한 장학금 및 교육 지원 프로그램을 보강해야 한다. 이러한 노력을 통해 모든 학생이 동등한 교육 기회를 누리고 사회적 참여와 기여를 할 수 있는 역량을 갖추도록 해야 한다.

결론적으로 교육을 통해 인적 자원의 질을 향상시키고, 고령 인구의 사회적 참여를 촉진하며, 세대 간의 이해와 협력을 증진하고, 사회적 포용성을 강화함으로써 지속 가능한 미래를 위한 기반을 마련할 수 있다. 이를 위해 정부, 교육 기관, 지역 사회가 협력하여 종합적이고 체계적인 교육 정책을 수립하고 실행해야 한다. 교육은 현재의 도전을 극복하고 미래를 설계하는 희망이다.

제3부

AI 디지털 교과서의 명암(明暗): 디지털 시대, 아날로그 교육의 장점 극대화를 위한 전략

01

아동의 뇌 발달과
아동 및 청소년의
AI 디지털 기기 사용에 따른 영향*

뇌 발달은 인간의 생애 주기에서 가장 중요한 과정 중 하나로, 이 과정은 다양한 외부 요인과 상호 작용하면서 진행된다. 특히, 아동기와 청소년기 동안 뇌는 구조적 및 기능적 변화의 중요한 단계를 거치며, 이는 개인의 인지적, 정서적 발달에 큰 영향을 미친다. 최근 연구들은 뇌 발달의 복잡한 메커니즘을 이해하는 데 기여하고 있으며, 이러한 연구 결과는 교육과 양육, 그리고 의료 분야에서 실질적인 가이드라인을 제공한다.

발달 중인 뇌의 구조적 변화에 대한 MRI 연구, 청소년기의 사회적 뇌의 기능적 변화에 대한 fMRI 연구에 따르면, 청소년기는 지속적인 신경발달 기간이며(S. J. Blakemore, 2012), 일반적으로 뇌 기능 차이는 연령

---

* 본 장의 내용은 다음의 논문의 일부를 수정 및 보완 그리고 재구성한 것임. 박형빈. (2021). 아동 뇌 발달과 AI 윤리에 기초한 AI 리터러시교육-초등 도덕과 교육 적용을 중심으로. 초등도덕교육, 75, 29-76.

에 의존한다는 것이 확인되었다(E. R. Butler, A. Chen, R. Ramadan, et al, 2021). 아동의 뇌 발달에 대한 연구는 부모, 교사, 의료 전문가에게 다음과 같은 유용한 정보를 제공한다. (a) 발달은 본성과 양육 간의 상호 작용에 달려 있다. (b) 초기 돌봄은 발달과 학습 및 감정 조절 역량에 오래도록 영향을 미친다. (c) 뇌는 놀라운 변화 능력을 가지고 있지만 타이밍도 중요하다. (d) 부정적인 경험이나 적절한 자극의 부재는 심각하고 지속적인 영향을 미칠 가능성이 높다. (e) 조기 개입의 효능에 대한 실질적인 증거가 있다(R. Shore, 1997). 대부분 뇌 발달은 임신 후 몇 주부터 시작되어 초기 성인기에 완료된다. 뇌의 기본 구조는 주로 태아기 및 유아기에 형성되지만 신경망의 형성과 정교화는 장기적으로 지속된다는 점을 기억할 필요가 있다.

아동기와 청소년기 동안의 뇌 해부학적 변화와 관련한 주요 발견들은 백질 용적의 증가와 회백질 용적에 있어 특정부위의 역U자형 궤적이다. 뇌 형태 측정값은 개인에 따라 매우 다양하며 발달 궤적에 대한 유전적, 환경적 요인의 영향을 조사하기 위한 연구가 진행되었다. 신경계의 발달은 여러 동기화된 과정의 상호 작용을 통해 발생하는데 그 중 일부는 출생 전에 완료되고 나머지는 성인기까지 지속된다. 뉴런은 주로 뇌의 회백질에서 발견되며 그들의 수초화된 축삭돌기는 백색질을 형성한다. 5세까지 뇌 크기는 성인 크기의 약 90%이다. 뇌 발달은 초기 유년기 상당히 이루어지지만 리모델링은 30대까지 지속된다(R. K. Lenroot & J. N. Giedd, 2006). 연령별 뇌 발달은 〈그림 1〉(N. Gogtay et al., 2004)과 같다.

인간 발달의 복잡한 측면을 조절하는 뇌 시스템에서 전전두피질의 역할이 핵심적이다. 이 영역은 성숙하는 데 수십 년이 걸리며, 사회적 영향에 매우 민감하다. 전전두피질은 사회적 인식과 감정, 공유된 문화적 가

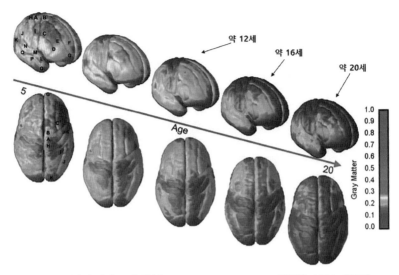

그림1. 연령별 피질 표면 성숙(Gogtay, N. ET AL., 2004; 박형빈, 2021 재인용).

치, 그리고 삶에 대한 목표 지향적 접근의 기초가 된다. 이 영역의 집행 기능, 사회적 과정, 도덕적 과정에 영향을 미치는 요인으로는 초기 부모 양육, 사회경제적 어려움, 사회적 모델링, 학교 교육 등이 있다(C. Barrasso-Catanzaro & P. J. Eslinger, 2016). 인간의 뇌 발달은 신경 세포의 분화와 함께 임신 기간에 시작하여 청소년기 후반이나 평생 동안 연장되는 장기간의 과정이다. 뇌 발달에 기여하는 과정은 유전자 발현에서 환경 입력에 이르기까지 다양한데 매우 다른 수준과 종류의 프로세스가 뇌 발달을 위해 상호 작용한다는 점은 확실하다. 유전자 발현과 환경 입력은 모두 정상적인 뇌 발달에 필수적이며 둘 중 하나가 중단되면 신경 결과가 근본적으로 바뀔 수 있다(J. Stiles & T. L. Jernigan, 2010).

뇌 발달은 유전적 요인과 환경적 요인 사이의 상호작용을 반영한다. 조기 돌봄은 어린이의 뇌 구조와 기능에 영향을 미칠 수 있는데 보호시설 아동에 대한 연구에서 조기 돌봄의 박탈은 위탁 보호나 입양된 아동에 비해 백질 및 회백질 부피의 감소, 후뇌량(volume of the posterior corpus callosum) 및 상후소뇌(superior-posterior cerebellum) 부피의 감소, 편도체(amygdala) 부피와 관련이 있는 것으로 나타났다(R. Kok et al, 2015). 이와 같은 상황에서 아이를 양육하는 것은 자율 신경계 기능 장애, 뇌 발달, 정서조절 및 정신 건강을 포함하여 아동의 스트레스 반응 시스템에 장기적인 영향을 미칠 수 있다. 연구들은 보육 환경이 아동 발달에 미치는 중대성을 보여주었다(K. Woodard & S. D. Pollak, 2020). 이러한 현상의 원인은 복합적이며 여러 신경생물학적 메커니즘과 관련이 있으며 주요 원인으로는 다음과 같은 요인들을 예상할 수 있다. 첫째, 스트레스 반응 시스템의 과활성화이다. 조기 돌봄 박탈은 지속적인 스트레스를 유발하여 코티솔(cortisol)과 같은 스트레스 호르몬의 과도한 분비를 초래한다. 이는 뇌의 구조적 발달에 부정적인 영향을 미칠 수 있다. 둘째, 신경내분비계 조절 장애이다. 돌봄 박탈은 옥시토신과 같은 애착 관련 호르몬의 분비와 수용체 발현에 영향을 미쳐, 애착, 사회적 인지 및 정서 조절 능력의 발달을 저해할 수 있다. 이 외의 다양한 연관 요인들이 복합적으로 상호작용하여 뇌의 구조적, 기능적 변화를 초래할 수 있다. 이는 장기적으로 인지, 정서, 행동 발달에 영향을 미칠 수 있다는 점에서 주목을 끈다.

아동의 사회적 발달에서 정서 및 감정 조절은 중요하다. 이론적으로 감정 조절은 변연 부위의 전두엽 피질인 전대상회(ACC)가 핵심 뇌 영역으로 명시된다. 감정 조절 및 정서 표현 얼굴 처리 중 어린이의 연령이 높을수록 ACC 배측의 '인지' 관련 영역이 우선적으로 작용하는 반면, 연령이 낮을수록 복측 '정서' 연계 범위가 먼저 관여하는 것으로 나타났다. 이러한 발견은 연령이 증가함에 따라 감정적인 것에서 보다 인지적인 규제 전략으로의 행동 및 인지적 변화의 신경생물학적 메커니즘을 보여준다 (S. B. Perlman & K. A. Pelphrey, 2010). 통상적으로 10-19세의 연령인 청소년기는 변연계(limbic system), 전전두피질(prefrontal cortex) 등 발생과 조절에 영향을 미치는 뇌 부위가 장기간의 구조적, 기능적 발달을 겪는다. 청소년기는 우울증, 불안감, 반사회적 행동 등 정서조절이 잘 되지 않는 정신병리학에 대한 취약성이 증가하는 시기이기도 하다(S. P. Ahmed, A. Bittencourt-Hewitt, & C. L. Sebastian, 2015). 청소년 행동은 두 가지 경쟁적인 뇌 시스템에 기인하는데 이중 시스템 해석에 따르면, 덜 성숙한 인지 제어 시스템보다 감정 시스템이 우위에 있을 때 행동은 돌발적이 된다(B. J. Casey, A. S. Heller, D. G. Gee, & A. O. Cohen, 2019).

뇌 발달은 인간의 생애 주기에서 가장 중요한 과정 중 하나로, 다양한 외부 요인과 상호 작용하면서 진행된다. 특히 아동기와 청소년기 동안 뇌는 구조적 및 기능적 변화의 중요한 단계를 거치며, 이는 개인의 인지적, 정서적 발달에 큰 영향을 미친다. 첫째, 디지털 기기의 과도한 사용은 주의력 결핍 및 과잉 행동 장애(ADHD), 불안, 우울증 등의 발병률을 높일 수 있다. 특히 소셜 미디어의 과도한 사용은 자존감 저하, 사회 불안, 사이버 괴롭힘 등의 문제를 일으킬 수 있다. 둘째, 디지털 기기의 과도한 사용은 전전두피질의 발달을 방해하여 사회적 상호작용 능력과 정서 조절 능력을 저해할 수 있다. 셋째, 디지털 기기의 과도한 사용은 주의력 집중 회로의 발달을 저해하고, 보상 체계의 과도한 활성화로 인해 중독적 행동을 유발할 수 있다. 넷째, 디지털 기기에 과도하게 의존하는 학습은 깊이 있는 사고와 창의성 발달을 저해할 수 있다(Nivins et al., 2024; Montag, C.,

& Becker, B., 2023; Marciano et al., 2021; Gottschalk, F., 2019). 또한 면대면 상호작용의 감소는 사회성과 의사소통 능력 발달에 부정적 영향을 미친다. 청소년기 화면 기반 기기의 광범위한 확산에 의한 청소년의 웰빙과 발달에 대한 긍정적 및 부정적 영향에 대한 논쟁이 존재함에도 불구하고, 빈번하고 장시간의 화면 기반 미디어 소비(인터넷 관련 중독 행동 포함)는 청소년기 인지 통제 시스템의 효율성을 감소시킨다. 또한 온라인 활동은 뇌에 강력한 보상으로 작용하며, 반복적인 화면 시간은 단기적 보상을 추구하는 경향을 증가시킨다(Marciano et al., 2021)는 점을 눈여겨 볼 필요가 있다.

결론적으로 아동의 뇌 발달을 고려할 때, 충분한 이론적 기반과 경험 연구에 기초하여 디지털 기기 사용의 균형을 맞추는 것이 중요하다. 적절한 사용 가이드라인을 설정하고, 대면 학습과 디지털 학습의 조화를 이루는 것이 필요하다. 부모, 교사, 교육전문가들은 아동의 디지털 기기 사용을 면밀히 관찰하고, 적절한 가이드라인을 제공하여 아동의 건강한 뇌 발달을 지원해야 한다. 성인과 달리 아동은 장기간의, 편향된 AI 디지털 기기의 사용으로 치명적인 뇌 손상이나 발달 지체를 초래할 수도 있다는 점을 유념해야 할 것이다. 이 때문에 아동의 건강한 발달을 위해서는 교육 정책 수립시 반드시 다학제적 접근을 통한 지도 원칙 수립과 지속적인 연구와 모니터링이 필요하다.

02

AI 디지털 기술과
현대 교육의 변혁:
AI 디지털 교육의 한계와 가능성

AI 디지털 기술의 발전은 교육 분야에 혁명적인 변화를 가져왔다. 스마트 기기와 인터넷의 보급으로 정보에 대한 접근성이 획기적으로 개선되었고, 이는 학습 방법과 환경에 큰 영향을 미쳤다. 온라인 학습 플랫폼, 가상현실, 인공지능 튜터 등 다양한 디지털 교육 도구들이 등장하면서 교육의 효율성과 접근성이 이전과 비교할 수 없을 정도로 향상되었다.

AI 디지털 교과서의 경우, 교육의 개별화와 효과성의 극대화를 목표로 한다. 그러나 한편, AI 디지털 교과서는 아직까지 그 효과성에 대해서는 논란의 여지가 있다. 다른 나라에서도 AI 디지털 교과서에 관심을 갖고 교육 현장에 적용했었던 사례가 있기에, 이에 대한 검토는 한국에서 AI 디지털 교과서의 교육 현장 적용 적절성을 타진하는 데 중요한 참고 자료가 된다.

스웨덴의 교육 정책 변화는 이 점에서 주목할 만하다. 한 때 교육 분야의 기술사용을 선도했던 스웨덴이 최근 디지털 기기 사용을 줄이고 전통적인 교육 방식으로 회귀하고 있기 때문이다. 이러한 변화의 주된 이유는 과도한 디지털 기기 사용이 학습 능력, 특히 읽기 능력의 저하를 초래한 다는 우려에 기인한다. 카롤린스카 연구소(Karolinska Institutet)의 2023 년 보고서는 이러한 염려를 뒷받침한다. 보고서는 '디지털 기기가 학습을 방해한다는 과학적 증거가 있다'며, '다시 인쇄된 교과서를 통한 지식 습 득과 교사의 전문 지식에 초점이 맞춰져야 한다.'고 주장했다. 실제로 국 제교육성과평가협회(IEA)의 읽기 능력 테스트에서 스웨덴 초등학교 4학 년 학생들의 점수가 2016년 555점에서 2021년 544점으로 하락했다. 일 부 학습 결손은 코로나19 팬데믹으로 인한 것일 수도 있고 스웨덴어를 모 국어로 사용하지 않는 이민자 학생 수가 증가하고 있음을 반영하는 것일 수도 있지만, 교육 전문가들은 수업 시간에 화면을 과도하게 사용하면 학 생들이 핵심 과목에서 뒤처질 수 있다고 보았다. 스웨덴 정부는 학교 도 서 구입에 상당한 자금 투자, 6세 미만 아동의 디지털 학습 전면 금지 고 려, 2023년 유치원생 디지털 기기 사용 의무화 결정 취소 발표와 같은 조 치를 취하고 있다. 2023년 영국 가디언 보도에 따르면, 스웨덴 학교에서 는 디지털 기기 사용 시간이 줄어들고 대신 종이책 사용, 조용한 독서, 필 기도구를 이용한 글쓰기가 강조되고 있다. 이러한 추세는 연구를 통해서 도 확인된다. 유네스코는 2023년 보고서에서 '디지털 기기를 통한 교육이 교사들의 대면 교육을 대체해서는 안 된다'고 지적했다.' 또한 세계경제 포럼(World Economic Forum, WEF)이 인용한 연구에 따르면, 학생들은

---

1   https://spartanshield.org/40733/news/pv-news/sweden-scales-back-on-the-uses-of-digital-tools-in-schools/(검색일: 2024. 07.10), https://www.unesco.org/en/articles/global-education-monitoring-report-summary-2023-technology-education-tool-whose-terms-hin(검색일: 2024.07.20.), https://m.dongascience.com/news.php?idx=66532 (검색일: 2024.07.20.)

디지털 화면보다 인쇄된 텍스트를 읽을 때 정보 이해와 기억력이 더 좋은 것으로 나타났다.[2] 이러한 사례들은 디지털 교육의 한계를 보여주며, 전통적인 교육 방식의 가치를 재평가하게 한다.

온라인 수업은 유럽과 서구의 다른 지역에서 뜨거운 논쟁거리이다. 예를 들어 폴란드는 4학년부터 정부 지원 노트북을 모든 학생에게 지급하는 프로그램을 시행했는데, 이는 폴란드를 기술적으로 더 경쟁력 있는 국가로 만들기 위한 것이었다. 유럽에서 가장 부유한 국가 중 하나인 독일은 교육을 포함해 정부 프로그램과 모든 종류의 정보를 온라인으로 전환하는 데 매우 더딘 모습을 보여 왔다. 인터넷을 중심으로 활동하는 독일의 작가이자 컨설턴트인 사샤 로보(Sascha lobo)는 독일 학생들의 수준을 따라잡기 위한 국가적인 노력이 필요하며, 그렇지 않으면 독일이 미래에 뒤처질 위험이 있다고 경고했다. 그는 공영 방송과의 인터뷰에서 "디지털 교육을 실현하고 디지털화가 어떻게 작동하는지 배우지 못한다면, 20년 후에는 더 이상 번영하는 나라가 되지 못할 것"이라고 말했다. 호주 멜버른의 모나쉬 대학교 교육학과 교수인 셀윈(Neil Selwyn)은 "스웨덴 정부가 기술이 학습을 개선한다는 증거가 없다고 말하는 것은 타당한 지적이지만, 이는 기술을 통해 무엇이 효과가 있는지에 대한 직접적인 증거가 없기 때문이라고 생각한다."라고 지적했다. 그는 "기술은 교육에 영향을 미치는 매우 복잡한 요인들 중 하나일 뿐이다."라고 덧붙였다.[3]

---

2 https://www.weforum.org/agenda/2017/10/students-learn-better-from-books-than-screens-according-to-a-new-study/(검색일: 2024. 07.12)

3 https://apnews.com/article/sweden-digital-education-backlash-reading-writing-1dd964c628f76361c43dbf3964f7dbf4 (검색일: 2024. 07.30)

종합하면, 디지털 기술의 발전은 교육 분야에 큰 변화를 가져왔지만, 그 효과성에 대해서는 다양한 견해가 존재한다. 디지털 교육 도구들은 학습의 접근성과 효율성을 높였지만, 전통적인 교육 방식의 중요성도 재평가되고 있다. 스웨덴과 같은 사례들은 디지털 기기의 사용과 전통적인 학습방식 간의 균형을 맞추는 것이 중요하다는 점을 시사하며, 한국을 포함한 다른 나라들도 이러한 변화에서 교훈을 얻을 수 있을 것이다.

우리는 AI 디지털 교과서에 대해 어떤 자세를 취해야 할까? '교과서'가 갖추어야 할 기본 조건은 잠시 차치하고 'AI 디지털'에 방점을 두어 생각할 때, AI 디지털 교과서는 학습자 맞춤형 교육, 실시간 피드백 제공, 학습데이터 분석 등의 기능을 통해 학습 효율성을 크게 향상시킬 수 있는 잠재력을 갖고 있다. 이러한 기술은 개별 학생의 학습 스타일과 속도에 맞춘 맞춤형 교육을 가능하게 하며, 실시간으로 학습 진도를 추적하고 필요한 피드백을 제공하여 학습 성취도를 높일 수 있다. 그러나 교육의 본질적 목적과 학생의 학습 특성 및 상황을 고려할 때, AI 디지털 교과서의 부정적인 영향도 간과할 수 없다. 지나친 기술 의존은 학생들의 자율적 사고와 문제 해결 능력을 저해할 수 있으며, 디지털 기기 사용의 증가로 인한 신체적, 정서적 부작용도 우려된다. 따라서 우리는 AI 디지털 교과서의 교육 현장 활용에 대한 긍정적 측면뿐만 아니라 부정적 측면도 면밀히 검토하여 적용 기준을 마련할 필요가 있다. 이를 통해 AI 디지털 교과서가 학생들의 학습 경험을 어떻게 개선할 수 있는지, 동시에 어떤 악영향을 끼칠 수 있는지도 살펴볼 수 있다. 교육적 관점에서 종합적인 점검은 교사들이 AI 디지털 교과서를 효과적이고 적절하게 사용할 수 있도록 가이드라인을 제공하는 데 기여할 것이다. 예를 들면, 학습 효율성 즉, AI 디지털 교과서가 학습 효율성을 실제로 향상시키는지, 학습자의 학습 성취도에 긍정적인 영향을 미치는지 확인해야 한다. 과도한 디지털 기기 사용이 신체적, 정신적 건강에 미치는 영향을 면밀히 검토해야 한다. 또한, 학생들의 자율적 사고와 문제 해결 능력에 미치는 영향도 고려해야 한다. 교사들이 AI 디지털 교과서를 효과적으로 사용할 수 있도록 충분한 교육과 지원이 제공되는지도 확인해야 한다. 더욱 중요한 것은 데이터 활용으로 학생들의 학습 데이터를 어떻게 수집하고 활용할지에 대한 명확한 정책과 윤리적 기준이 마련되어야 한다. 이러한 점검을 통해 AI 디지털 교과서가 교육 현장에서 긍정적인 역할을 할 수 있도록 해야 하며, 동시에 잠재적인 부작용을 최소화하는 데 주의를 기울여야 한다.

먼저, 교육 본연의 목적 재확인이다. 인본주의와 구성주의적 관점에서 교육 목적을 생각할 때, 인본주의(Humanism)의 목적은 개인의 자아실현과 개인적 성장을 최대화하는 것이다. 학습자가 자신의 잠재력을 실현하고, 자기 결정권을 갖는 것을 중요하다. 마슬로우의 자아실현 이론에서 교육은 개인의 자율성, 개인적 성장을 지원해야 한다. 구성주의(Constructivism)의 목적은 학습자가 자신의 경험을 통해 지식을 구성하고 의미를 발견하며 자기 주도적으로 학습하는 능력을 개발하는 것이다. 비고츠키의 사회문화적 이론에서는 사회적 상호작용과 문화적 맥락이 학습에 중요하며 학습자는 지식을 단순히 수용하는 것이 아니라 자신의 경험을 통해 적극적으로 구축한다. 이러한 관점들을 감안하면, 교육의 목적은 학습자가 자신의 경험을 통해 지식을 구성하고, 그 과정에서 의미를 발견하며 자기 주도적으로 학습하는 능력을 개발하는 데 있다. 이는 학습자 중심의 접근 방식을 강조하며 지식이 단순히 전달되는 것이 아니라 학습자에 의해 능동적으로 구축되어야 함을 나타낸다. 더욱이 교육의 목적은 단순히 많은 양의 지식을 습득하는 것에 그치지 않는다. 교육은 비판적 사고, 메타 인지, 반성, 성찰, 인지 발달, 인간적 성장 등을 포함해야 한다. 따라서 비고츠키, 피아제 등의 이론이 뒷받침하는 인간 발달론적 접근과 구성주의 철학을 바탕으로 한 교육이 필요하다. 그러나 AI 디지털 교과서가 이러한 교육적 목적을 얼마나 충족할 수 있을지는 여전히 미지수이다.

반면, 아날로그 교육 방식은 디지털 교육이 제공할 수 없는 인간과 인간의 직접적인 상호작용에서 중요한 역할을 한다. 대면 교육은 교사와 학생, 학생들 간의 감정적 연결과 협력을 촉진하며, 이는 학습의 질과 효율성을 높인다. 아날로그 교육은 학생들이 서로 얼굴을 맞대고 직접 대화하고 토론함으로써 소통 능력과 감성 지능을 발달시키는 데 도움이 된다. 실외 활동, 실험, 현장 견학 등은 디지털 환경에서는 제공하기 어려운 깊이 있는 체험을 제공하는 실제 경험들이다.

한편, AI 디지털 교과서는 교육 불평등을 심화시킬 수 있다는 우려도 있다. AI 기술을 활용한 학생별 맞춤형 학습 지원은 교육 격차를 줄이고 사교육 의존도를 낮출 것이라 기대되기도 하지만 오히려 학습 격차가 더욱 커질 수 있다. 예를 들면, AI와 효과적으로 상호작용하여 학습을 발전시킬 수 있는 학생과 그렇지 않은 학생 간의 격차는 더욱 벌어질 수 있다. 특히, 느린 학습자나 경계선 지능을 가진 학생들에게는 큰 어려움이 따를 수 있다. 발달장애, 자폐스펙트럼장애, 난독증, ADHD 등의 특수교육 대상 학생들은 AI 기반 학습 환경에 적응하기 어려울 수 있으며, 이는 기존의 지식 격차를 증폭시킬 위험이 있다. 따라서 AI 디지털 교과서 도입 시 이러한 교육 취약계층에 대한 세심한 고려와 인간 교사에 의한 맞춤형 지원 방안이 반드시 함께 마련되어야 한다.

다음으로, AI 디지털 교과서 활용 시 그 목적과 방법에 대한 철저한 검증과 사용 기준이 마련되어야 한다. 예를 들면, 국가교육과정과의 연계성, 학생과의 상호작용 품질, 윤리적 고려사항 등이다. AI가 제공하는 정보와 피드백이 윤리적 기준을 준수하는지 확인해야 하며 학생들의 학습 데이터가 어떻게 수집, 저장, 활용되는지에 대한 명확한 지침도 필요하다. 예를 들어, 학생의 성적 데이터나 학습 행동 패턴 등의 정보가 어떻게 보호되고 관리되는지에 대한 구체적인 프로토콜이 준비되어야 한다.

표 1. 학교급 및 과목별 활용(예시)

학교급	과목	활용(예)
초등학교 고학년	국어	음성 인식 기술을 활용한 읽기 능력 향상 프로그램 제공 예) 국어 수업에서 AI가 학생의 읽기 속도와 정확도를 실시간으로 분석하여 개별 학습자에게 적합한 난이도의 텍스트를 제공
	수학	게임화 된 학습 요소를 통한 기초 연산 능력 강화
	통합교과	AR(증강현실) 기술을 활용한 경험 학습 제공
	과학	가상 실험실 기능을 통한 안전한 실험 환경 제공 예) 과학 수업에서 위험한 화학 실험을 AI 기반 가상 실험실에서 안전하게 수행하고 결과를 분석
	사회	대화형 AI를 활용한 역사적 인물과의 가상 인터뷰 기능
	영어	음성 인식 및 발음 교정 기능을 통한 회화 학습 지원
중학교	수학	개인화된 문제 은행 제공 및 오답 분석 기능 예) 수학 수업에서 AI가 학생의 이전 학습 데이터를 분석하여 개인별 취약점에 맞는 문제를 자동으로 생성하고 제공
	국어	AI 기반 글쓰기 조언 및 피드백 시스템
	제2외국어	실시간 번역 및 문화 정보 제공 기능
고등학교	과학	최신 연구 동향을 반영한 실시간 업데이트 기능 예) 물리 수업에서 최근 발표된 연구 논문을 AI가 분석하여 교과 내용과 연계된 최신 정보를 제공
	사회	빅데이터 분석을 통한 사회 현상 예측 및 해석 도구
	진로	AI 기반 적성 검사 및 진로 상담 기능

학생 연령별, 학교 급별, 과목별, 학업수준별, 학습자 특성별 등으로 시간과 빈도를 포함한 AI 디지털 교과서 활용 기준 마련도 중요하다. 각 학습 단계와 과목의 특성에 맞는 맞춤형 활용 예는 〈표 1〉과 같다.

연령별, 학교급별, 과목별 기준을 설정할 때는 발달 단계 적합성, 교육과정 연계성, 과목 특성, 학습자 자율성, 교사의 역할 등을 고려할 필요가 있다. 만약 AI 디지털 교과서 활용을 위한 적절한 기준이 갖추어지지 않은 채 학교와 교실 현장에 도입될 경우, 다음 〈표 2〉와 같은 문제점과 학생들에 대한 폐해가 발생할 수 있다.

표 2. 무분별한 AI 디지털 교과서 도입시 발생 가능한 문제점(예시)

순	문제점	내용(예)
1	교육 격차 심화	기술 접근성의 차이로 인해 경제적 여건이 좋은 학생들과 그렇지 않은 학생들 사이의 학습 격차가 더욱 벌어질 수 있다.
2	과도한 스크린 타임	적절한 사용 지침 없이 AI 디지털 교과서를 도입하면 학생들의 스크린 사용 시간이 크게 증가할 수 있다.
3	비판적 사고력 저하	AI가 제공하는 정보를 무비판적으로 수용하는 습관이 형성될 수 있다. 예) 역사 수업에서 AI가 제공하는 정보를 사실 확인 없이 그대로 받아들여, 학생들의 역사적 사고력과 비판적 분석 능력이 저하될 수 있다.
4	개인정보 및 프라이버시 침해	명확한 데이터 보호 지침 없이 학생들의 학습 데이터가 무분별하게 수집되고 활용될 수 있다. 예) 학생의 학습 패턴, 성취도 등을 AI가 분석 및 저장시, 이 정보가 제3자에게 유출되거나 상업적으로 이용 또는 악용될 위험이 있다.
5	과목 특성 무시	모든 과목에 AI 시스템 적용은 각 과목의 고유한 학습 방식을 저해할 수 있다. 예) 문학 작품 감상과 같은 정서적, 창의적 활동에서 AI의 분석적 접근이 과도하게 적용될 경우 학생들의 감성적 이해와 창의성 발달을 방해할 수 있다.
6	교사-학생 및 학생-학생의 상호작용 감소	AI에 과도하게 의존하여 교사와 학생 그리고 학생과 학생 간의 직접적인 상호작용과 소통이 줄어들 수 있다. 예) 초등학교 학생들이 교사나 친구들과의 대면 소통 대신 AI와의 상호작용에 더 많은 시간을 보내게 되어 사회성 발달에 문제가 생길 수 있다.

순	문제점	내용(예)
7	학습 동기 저하	AI가 제공하는 즉각적인 답변과 해설로 인해 학생들이 스스로 고민하고 탐구하는 과정을 생략할 수 있다. 예) 수학 문제 풀이에서 AI가 모든 단계를 상세히 설명해주어, 학생들이 문제 해결 과정을 스스로 고민하지 않고 답만 외우는 습관이 형성될 수 있다.
8	디지털 의존성 증가	AI 없이는 학습을 진행하기 어려워지는 디지털 의존 현상이 나타날 수 있다. 예) 학생들이 간단한 계산이나 정보 검색도 항상 AI에 의존하게 되어, 기본적인 인지 능력과 문제 해결 능력이 저하될 수 있다.
9	윤리적 판단력 약화	객관적 정보 제공에만 의존하여 윤리적, 도덕적 판단을 요구하는 상황에서 학생들의 대처 능력이 약화될 수 있다. 예) 도덕교과에서 윤리적 딜레마를 다룰 때, AI가 제시하는 통계적 분석에만 의존하여 학생들의 도덕적 추론 능력 발달이 저해될 수 있다.
10	학습 평가의 왜곡	AI가 제공하는 평가 방식에 지나치게 의존하여 학생의 종합적인 능력을 정확히 평가하지 못할 수 있다. 예) 학생들의 창의적 사고나 문제 해결 과정을 제대로 평가하지 못하는 상황이 발생할 수 있다.
11	메타 인지 향상 저하	AI 디지털 교과서는 실시간으로 피드백을 제공하여 학생들이 자신의 오류를 즉시 수정할 수 있도록 도와준다. 그러나 이는 학생들이 자신의 오류를 스스로 찾아내고 그 원인을 분석하는 과정을 생략하게 만들 수 있다. 이러한 과정이 반복되면, 학생들은 자신의 학습 전략을 점검하고 수정하는 능력을 기르지 못할 수 있다.

AI 디지털 교과서 도입 시 간과되어서는 안 되는 중요한 고려 사항은 학생의 연령과 뇌 발달이다. AI 디지털 교과서가 학생의 연령과 뇌 발달 단계를 고려하지 않고 일괄적으로 적용될 경우, 각 발달 단계에 필요한 적절한 자극과 경험을 제공하지 못할 수 있다. 예를 들어, 아동기(6-12세)는 전두엽이 급격히 발달하는 시기로, 추상적 사고, 논리적 사고, 계획 수립, 충동 조절, 의사결정 능력이 형성된다. 전두엽은 이성적인 판단과 고차원적 인지 기능을 담당하는 뇌의 중요한 부분으로, 다양한 경험을 통해 이러한 능력들이 발달한다(Gottschalk, F., 2019). 그러나 AI 디지털 교과서에 과도하게 의존할 경우, 학생들의 능동적 사고와 문제 해결 과정이

제한될 수 있어, 전두엽 기능 발달에 필요한 다양한 인지적 도전과 경험이 감소할 수 있다. 또한 학습 경험의 질적 변화로 인한 뇌 발달 저해도 우려된다. 초등학교 학생들이 노작을 통해 직접 실험을 하거나 현장 학습을 통해 배우는 대신 AI 시뮬레이션에만 의존할 경우, 다중감각 자극을 통한 학습 경험이 줄어들어 뇌의 다양한 영역이 충분히 자극받지 못할 수 있다. 중고등학생들의 경우, 복잡한 문제를 해결하는 과정에서 겪는 시행착오와 그에 따른 뇌의 적응 과정이 생략되어, 문제 해결 능력과 관련된 뇌영역의 발달이 저해될 수 있다. 나아가 사회-정서적 뇌 발달 저해도 중요한 문제다. 사회-정서적 능력의 발달은 실제 대인 관계와 상호작용을 통해 이루어진다. AI 디지털 교과서에 과도하게 의존할 경우, 이러한 실제 상호작용 기회가 줄어들어 공감 능력, 갈등 해결 능력 등 사회적 기술 발달과 관련된 전두엽, 편도체와 같은 뇌 영역의 발달이 지연될 수 있다. 미성년 학생들이 인간과의 직접적인 대면 토론이나 발표 활동을 통한 정서적 경험이 적어지고 AI와의 상호작용에만 의존할 경우, 정서 조절과 관련된 뇌 영역의 발달에 악영향을 줄 수 있으며, 피상적이고 제한된 감정 이해와 공감 능력을 갖게 될 우려가 있다.

AI 디지털 교과서가 학생들의 마인드 리딩(mind reading) 능력을 저해할 수 있는 점은 중요한 문제다. 마인드 리딩은 다른 사람의 생각, 감정, 의도 등을 이해하고 예측하는 능력으로, 사회적 상호작용과 협력 학습에 중요한 역할을 한다. AI 디지털 교과서는 마인드 리딩 능력에 다음과 같이 부정적인 영향을 줄 수 있다. 첫째, 직접적인 사회적 상호작용의 감소이다. AI 디지털 교과서가 개인 맞춤형 학습을 제공할 수 있으나 이에 따라 학생들은 교사가 존재하는 교실 수업 시간조차 혼자서 학습하는 시간이 늘어날 수 있다. 이는 학생들이 교사 또는 다른 학생들과 협력하고 소통할 기회를 줄이게 되어, 사회적 상호작용을 통해 마인드 리딩 능력을 기를 기회를 감소시킨다. 둘째, 비언어적 단서 부족이다. 전통적인 교실 환경에서는 학생들이 교사와 동료 학생들의 표정, 몸짓, 톤 등의 비언어적 단서를 통해 의사소통을 배우고 연습할 수 있다. 그러나 AI 디지털 교과서는 이러한 비언어적 단서를 제공하지 않거나 이를 구현하더라도 한계가 존재하기 때문에 학생들은 상대방의 감정이나 의도를 비언어적 요소로부터 파악하는 연습 기회를 놓칠 수 있다. 셋째, 공감 능력 발달 저해이다. 아직까지 AI 기반, 디지털 학습은 감정적 반응을 충분히 실현하지 못하며 학생들에게 요구하기도 어렵기 때문에 학생들이 공감 능력을 발달시킬 기회를 제한할 수 있다. 다른 사람의 입장을 이해하고 그에 따른 행동을 조정하는 능력은 학생들이 자신만이 아닌 타인의 존재를 인식하고 인정하며 존중하는데 필수적 요소이다.

03

AI 디지털 교과서 활용을 위한
전제 조건

이제 AI 기술은 인간과 기계의 관계를 새롭게 재편하고 있다. 가상현실, 로봇공학, 무인 운송 수단, 클라우드 컴퓨팅, 초연결 사회 등은 현재 우리가 살고 있는 시대를 잘 대변하는 용어들이며 개인과 국가 모두 경쟁력 강화를 위해 AI 기술 발전을 도외시할 수 없다. 특히 2010년 이후 출생한 알파 세대(Generation Alpha)는 이러한 변화의 중심에 있다. 이들은 모바일을 우선적으로 사용하고, 최신 트렌드를 좇으면서도 타인과는 다른 이색적인 경험을 추구하는 특징을 지니고 있다. 키즈 유튜버, AI가 제공하는 키즈 콘텐츠, 스트리밍 서비스 등 비대면 디지털 놀이 문화에 익숙한 이들은 앱 기반 플레이, 더 많은 영상 사용, 더 짧은 집중 시간을 보이며, 동시에 디지털 리터러시 부족과 사회성 결핍의 문제도 나타내고 있다.

기술 사회 환경의 변화는 교육 공간에서도 흥미, 재미, 신선함, 그리고 기술 기반 콘텐츠를 우선적 관심사로 떠오르게 했다. 그러나 이러한 변화

속에서도 실질적인 상호작용을 통해서만 얻을 수 있는 교육적 효과성에 대해 간과해서는 안 된다. 피상적이 아닌 깊이 있는 관계성 형성은 교육의 출발점이며, 아동의 뇌 발달적 특성을 고려할 때 구체적 교육 환경의 중요성은 여전히 크다. 직접 접촉이 아닌 간접 접촉의 교육 환경은 학생들의 인지 발달, 정서 발달, 사회성 발달, 그리고 도덕성 발달에 저해를 초래할 수 있다는 점을 명심해야 한다.

AI 디지털 교과서를 사용할 때, 학생들이 사회적 상호작용과 협력 학습의 기회를 충분히 가질 수 있도록 보완하는 것과 같은 교육 전략이 필요하다. AI 디지털 교과서 도입은 신중하게 계획되고 실행되어야 한다. 학생의 연령과 뇌 발달 단계에 적합한 콘텐츠와 상호작용 방식을 제공해야 하며, 다양한 감각 자극과 실제 경험을 통해 뇌 발달을 촉진하고, 사회적 상호 작용 기회를 충분히 제공하여 사회-정서적 능력 발달을 도모해야 한다. 세부적인 활용 기준을 마련함으로써 교사들이 AI 디지털 교과서를 교실 환경에서 효과적인 교육 도구로 활용하도록 도울 수 있다. 이를 통해 학생들에게 각 학습 단계와 과목의 특성에 맞는 최적화된 학습 경험을 제공할 수 있을 것이다. 또한 이러한 기준은 지속적인 연구와 현장 피드백을 통해 계속해서 개선되고 발전되어야 할 것이다.

따라서 교실 현장에서 AI 디지털 교과서 도입을 위한 전제 조건들은 다음과 같다.

첫째, 교육 목적과의 부합성이다. AI 디지털 교과서는 인본주의와 구성주의적 관점에서의 교육 목적을 실현할 수 있어야 한다. 자아실현, 개인적 성장, 자기 주도적 학습 능력 개발 등을 지원할 수 있어야 한다.

둘째, 아동 및 청소년의 발달 단계와의 적합성이다. 학생의 연령과 뇌 발달 단계를 고려한 맞춤형 콘텐츠와 사용 가이드라인이 마련되어야 한다. 특히 전두엽 발달, 사회-정서적 발달을 저해하지 않도록 설계되어야 한다. 또한 이용 시간이나 활용 범위 등에 대한 프로토콜이 제공되어야 한다.

셋째, 교육 격차 해소 방안의 구비이다. AI 디지털 교과서 도입이 오히려 교육 불평등을 심화시키지 않도록 하는 구체적인 방안이 마련되어야 한다. 특히 특수교육 대상 학생들이나 느린 학습자를 위한 지원 방안도 포함되어야 한다.

넷째, 윤리적 기준 마련이다. AI 디지털 교과서의 개발 업체가 다수의 사기업일 경우에는 더더욱 학생들의 개인 정보의 수집과 활용이 이슈가 된다. 학생들의 개인정보 보호, 데이터 수집 및 활용에 대한 명확한 윤리적 기준과 프로토콜이 수립되어야 한다.

다섯째, 균형 잡힌 활용 기준의 설정이다. 학교급별, 과목별, 학습자 특성별로 AI 디지털 교과서의 적절한 활용 시간과 빈도에 대한 구체적인 기준이 설정되어야 한다.

여섯째, 효과성 검증의 선행이다. AI 디지털 교과서의 도입 이전 시점에서 교육적 효과성에 대한 연구와 검증이 선행되어야 한다. 증거 기반이나 교육철학에 바탕을 두지 않은 성급한 시행은 의도치 않게 아이들을 실험 대상으로 전락시킬 수 있으며, 그 결과 아이들의 뇌 발달, 정서, 그리고 인격 발달에 돌이킬 수 없는 악영향을 미칠 수 있다

마지막으로, 전통적인 교과서가 만들어지는 과정과 마찬가지로 AI 디지털 교과서도 엄격한 검증 과정을 거쳐야 한다. 교과서 개발 과정에는 교육과정 분석, 내용 선정 및 조직, 집필, 검토 및 수정, 심의, 최종 승인 등

의 단계가 포함된다. AI 디지털 교과서 역시 이와 유사한 과정을 거쳐야 하며, 추가적으로 AI 알고리즘의 정확성, 편향성 검증, 데이터 보안 검토 등의 과정도 포함되어야 한다. 이러한 엄격한 검증 과정을 거친 후에야 '교과서'라는 명칭을 합한 AI 디지털 교과서의 공교육 현장 도입이 고려될 수 있을 것이다.

AI 디지털 교과서를 교육 현장에 활용하기 위해서는 교육 시스템의 최적화를 위한 전략과 검증 또한 필요하다. 먼저 전략 차원에서는 디지털 교과서 같은 제품, 학생과 교사와 같은 인간, 그리고 교육 관련 법규와 절차 등의 프로세스를 감안하여 모든 학생의 성장 기회의 평등을 보장하는 것을 목표로 해야 한다. 다음으로 검증 차원에서는 가상과 실제를 통한 검증, 분석, 예측을 바탕으로 최적의 교육 시스템을 구축해야 한다. 학생들이 AI 디지털 기기에 대한 단순 호기심을 넘어 진정한 교육 목표나 목적 성취에 대한 의지와 보상이 수반되도록 내적 동기를 강화할 필요도 있다. 그것은 AI 디지털 교과서는 생동감 있는 콘텐츠로 처음에는 학생들의 호기심을 자극할 수 있을지 모르지만 이러한 자극이 지속적이리라 기대하기는 어렵기 때문이다. 학습 동기는 이보다 더 복잡한 요인들의 상호작용으로 형성된다.

결론적으로 교육 시스템은 이러한 다양한 요소들을 종합적으로 고려하여 설계되어야 한다. AI 디지털 교과서를 비롯한 새로운 교육 기술의 도입에 있어서는 그 '효과성'과 '한계점'을 균형 있게 고려해야 한다. 기술의 혜택을 최대한 활용하되, 인간 본연의 교육적 가치와 필요를 잃지 않는 접근이 필요하다. 디지털 도구와 아날로그 방식이 상호 보완적으로 작용하여 교육의 질을 높이고 학습자에게 다양한 학습 경험을 제공하는 것이 중요하다. 특히 나이가 어린 아이들일수록 직접 손으로 만지고 체험하는 교육이 더욱 효과적이며, 뇌신경과학 발달 차원에서도 긍정적이라는 점을 잊지 말아야 할 것이다.

제4부

지식교육만큼 중요한
사회정서교육,
우리는 무엇을
어떻게 해야 하나?

01

지능의 다차원:
이성 지능과 사회정서 지능

지능이란 개념을 언급할 때, 우리는 흔히 정보 처리 능력, 문제 해결 기술, 논리적 사고 등을 떠올린다. 이러한 능력은 전통적으로 '이성적 지능'이라고 분류되며, 개인의 학문적 성취와 전문적 성공을 위한 필수 요소로 간주된다. 그러나 인간의 지능을 전체적으로 이해하기 위해서는 이성적 지능만으로는 부족하다. 여기에 '도덕지능'이라는 개념을 생각할 수 있는데, 이는 개인이 자신과 타인의 감정을 이해, 인식하고 이를 바탕으로 효과적인 인간관계를 구축하고 관리하는 능력을 말한다. 도덕지능은 사회정서 지능을 포섭하는데 그것은 도덕지능이 다른 사람의 입장을 헤아리고 타인의 처지에 공감할 수 있는 능력을 포괄하기 때문이다. 또한 도덕과 윤리에서 멀어진 정서는 단지 표면적인 기분의 반영일 뿐, 진정한 의미의 사회적 상호작용과 인간관계의 깊이를 담보하지 못한다.

정서는 순간적인 기분이라기보다 인간을 진정으로 인간답게 하는 깊은 감정 상태를 의미한다고 할 수 있다. 이는 연민, 분노, 두려움, 혐오, 즐거움, 슬픔 등을 모두 포함하는 복합적인 것이다. 이 때문에 정서교육은 정서의 개념을 이해하고 이를 균형 있게 조절하는 능력을 키우는 것이라 할 수 있다. 정서적 안정은 회복탄력성을 포함하며 긍정적인 힘으로 이어진다. 도덕과 윤리의 관점에서 정서교육은 학생들이 자신과 타인의 정서 감정을 이해하고 자신의 감정을 조절하고 더 선한 인간으로 살아가도록 돕는 것이다. 정서교육에서 간과할 수 없는 중요한 사안은 이성 지능과 사회정서 지능의 조화 그리고 도덕과 윤리와 깊은 연관이다. 정서교육은 학생들이 자신과 타인의 의식적/무의식적 정서를 민감하게 알아차리도록 하는 것과 자신의 정서감정을 균형감 있게 조절하고 회복할 수 있는 능력을 개발하는 것을 목표로 한다. 이는 정서적 안정을 찾고 삶의 어려움 속에서도 긍정적이고 생산적인 방식으로 대응할 수 있는 토대를 마련해 준다. 정서적 충격에서 빠르게 회복하고, 부정적인 경험에서 긍정적인 힘을 추출하는 능력은 사회적 상호작용과 인간관계에서 매우 중요한 역할을 하며 회복탄력성(resilience)과도 연관이 깊다.

회복탄력성은 개인이 어려움, 스트레스, 실패, 트라우마와 같은 부정적인 사건이나 상황을 겪었을 때, 이를 극복하고 원래 상태로 돌아오거나 때로는 그 경험을 통해 더 성장하고 강해질 수 있는 능력을 말한다. 회복탄력성은 단순히 어려움에서 빠르게 회복하는 것을 넘어 그 과정에서 개인의 정신적, 감정적 강도가 더 커지고, 적응력과 문제 해결 능력이 향상되는 것을 포함한다. 이 때문에 회복탄력성은 긍정적 감정의 유지, 자기효능감, 사회적 지지, 적응력, 문제 해결 능력, 목표 설정과 추구 등과 같은 여러 요소로 구성된다. 회복탄력성은 역경을 극복하는 능력으로 알려져 있다. 이는 일부 타고난 특성일 수 있지만, 대부분은 개인의 경험과 학습을 통해 발달하고 강화될 수 있다. 따라서 사람들은 의식적인 노력과 실천을 통해 자신의 회복탄력성을 높일 수 있으며, 이는 개인뿐만 아니라 조직과 커뮤니티 전반의 건강과 성장에도 기여하는 중요한 요소이다.

회복탄력성에 대한 획기적인 연구로 심리학자 에미 워너(Emmy Werner)의 카우아이 섬 종단 연구가 있다. 이 연구는 1955년 하와이 카우아이 섬에서 태어난 698명의 어린이를 대상으로 40년 이상 진행되었다. 연구 대상은 하와이안, 필리핀, 일본계 주민들 사이에서 태어난 아이들이었으며, 이들 중 201명은 스트레스, 지속적인 빈곤, 부모의 낮은 교육 수준 등으로 인해 '고위험군'으로 분류되었다. 연구의 주요 목표는 아동의 취약성과 회복력의 근원 파악, 스트레스 요인이 미치는 장단기적 영향 평가, 아동 발달의 긍정적, 부정적 결과 확인이었다. 워너 팀은 출생 전부터 40세까지 다양한 생애 단계에서 포괄적인 조사를 실시했다. 놀랍게도 연구 결과 고위험군 어린이 중 1/3이 심각한 학습이나 행동 장애 없이 유능한 청년으로 성장한 것으로 나타났다. 회복탄력성이 높은 아이들은 높은 활동 수준과 낮은 과민성, 우수한 사회적 적응력, 낮은 우울 성향, 뛰어난 문제 해결 능력, 상황에 대한 현실적인 평가 능력, 효과적인 의사소통 능력, 낮은 불안 수준, 분석적이고 계획된 행동과 같은 특성을 보였다. 연구는 회복탄력성 발달에 영향을 미치는 세 가지 주요 요인인 유전적 기반의 성향적 특성, 가족에 대한 강한 애정적 유대, 개인의 역량을 보상하는 외부 지원 시스템을 밝혀냈다.[1] 워너의 연구는 어린 시절 회복탄력성에 대

---

1 https://persolog.com/blog/emmy-e-werner-pioneer-of-resilience-research-and-her-

한 근본적인 관점을 확립했을 뿐만 아니라, 회복탄력성을 개발하고 육성할 수 있는 구체적인 방법을 제시했다. 이 연구 결과는 어려운 환경에 처한 아이들의 회복탄력성 발달을 지원하는 데 중요한 통찰을 제공한다.

정서적 안정과 회복력은 인간이 현실 속 다양한 도전과 어려움에 대응하며 앞으로 나아갈 수 있는 힘과 지혜의 원천이 된다. 따라서 교육자들은 단순한 지식 전달을 넘어 학생들의 정서적 안정과 사회정서 지능 발달을 지원하는 프로그램을 설계해야 한다. 이를 통해 학생들은 자신과 타인의 감정을 이해하고 긍정적인 인간관계를 구축하는 능력을 기를 수 있다. 사회정서 지능과 이성적 지능의 균형은 개인이 감정을 이해하고 더 나은 의사소통과 협력을 할 수 있게 만들며 갈등 해결, 팀워크 강화, 조직 내 긍정적 관계 구축 등 다양한 사회적 상황에서 긍정적인 결과를 가져올 것이다.

---

groundbreaking-kauai-study/ (검색일: 2024. 2.27)

02

사회정서학습과
아이들의 사회정서를 높이는
유용한 방법

현대 사회는 끊임없이 변화하는 환경 속에서 아동과 청소년이 직면하는 도전과 어려움이 점점 더 복잡해지고 있다. 이러한 상황 속에서 아동과 청소년이 성공적으로 성장하고 발전하기 위해서는 단순히 학문적 지식뿐만 아니라, 강한 정신 건강, 탄력성, 그리고 사회적, 정서적 기술을 갖추는 것이 필수적이다. 이를 인식하여 전통적인 학습 방식을 넘어서, 학생들의 전인적 발달을 지원하는 새로운 접근법을 모색하기 시작했다. 이러한 배경에서 등장한 사회정서학습(SEL)은 아동의 정신 건강과 회복력을 증진하고, 사회적, 정서적 삶의 기술을 가르치고자 하는 교육 프로그램이다.

미국에서 SEL이라는 용어는 1980년대에 학생들의 감정과 사회적 상호작용이 학습과 발달에 어떠한 영향을 미치는지 이해하는 데 관심이 있는 연구원과 교육자들에 의해 처음 사용되었다. 그 이후로, 많은 단체들과 연구자들이 SEL의 발전과 개선에 기여했는데, 학교 교육에 이를 통합하는 것을 촉진한 주도적인 단체는 CASEL(Collaborative for Academic, Social, and Emotional Learning)이다. CASEL은 SEL이 감정을 인식 및 관리하고, 다른 사람에 대한 배려와 관심을 개발하고 책임 있는 결정을 내리고 긍정적인 관계를 설정하고, 어려운 상황을 효과적으로 처리하는 기술을 습득하는 과정이라고 정의한다. SEL은 미국에서 학생들의 정서지능 향상과 긍정적 발달을 위해 연구 개발된 학교 활동 차원의 통합적이고 체계적인 교육 프로그램으로, 연구 결과 어린이의 사회적 및 정서적 발달, 도덕적 발달에 긍정적인 영향을 준 것으로 나타났다(Ahmed, I. et al., 2020).

SEL은 교육, 심리학 및 사회 분야의 다양한 연구에 의해 발전해 왔다. CASEL은 사회적, 정서적 학습을 구성하는 5가지 상호 관련된 인지, 감정 및 행동 역량 세트를 제시했다. 이것은 (1) 자기 인식(자신의 감정, 생각, 가치를 이해하고 그것이 행동에 어떻게 영향을 미치는지 이해하는 능력), (2) 자기 조절(다양한 상황에서 자신의 감정, 생각 및 행동을 관리하는 능력), (3) 사회적 인식(감정, 생각 및 행동을 포함하여 다른 사람의 관점을 이해하는 능력), (4) 관계 기술(의사소통, 협업 및 갈등 해결을 포함하여 다른 사람과 긍정적인 관계를 설정하고 유지하는 능력), (5) 책임 있는 의사 결정(자신과 타인에 대한 행동의 결과를 고려하여 사려 깊고 윤리적인 결정을 내리는 능력)이다(Dusenbury, L. & Weissberg, R. P., 2017). CASEL의 역량에 따른 핵심 구성요소로, 자기인식은 자신의 감정파악, 생각과 감정 그리고 행동 간의 상호작용 이해로 구성되며 자기관리는 행동 대처 기술/휴식, 인지 대처 기술/긍정적인 혼잣말, 목표 설정과 목표 달성 계획, 유념하여 주의 집중하기로 구성되고, 사회적 인식은 다른 사람의 감정 식별, 조망수용/공감, 다양성과 중요성을 인식하고 차이를 소중히 여

기기로 구성되며, 책임감 있는 의사 결정은 문제 해결로 구성되고, 관계 기술은 적극성, 사회성 기술로 구성된다. 이에 대한 그림은 〈그림 2〉와 같고, 〈표 3〉은 사회정서학습의 역량 및 핵심 구성 요소이다.

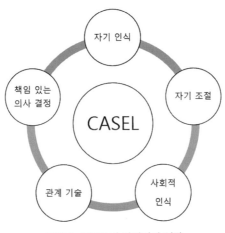

그림 2. CASEL의 사회정서 역량

표 3. 사회정서학습의 역량 및 핵심 구성요소

CASEL 역량	핵심 구성요소
자기 인식	자신의 감정파악
	생각과 감정 그리고 행동 간의 상호작용 이해
자기 조절 (자기 관리)	행동 대처 기술 / 휴식
	인지 대처 기술 / 긍정적인 혼잣말
	목표 설정과 목표 달성 계획
	유념하여 주의 집중하기
사회적 인식	다른 사람의 감정 식별
	조망수용 / 공감
	다양성과 중요성을 인식하고 차이를 소중히 여기기
책임감 있는 의사결정	문제해결
관계 기술	적극성
	사회성 기술

(출처: Lawson, G. M. et al., 2019).

사회정서발달의 경우, 자기 또는 타인과의 관계나 애착 발달과 연관되고 부모와의 유대감에서 시작되며 형제, 친구와의 연대를 통해 확장된다. Covid 19 팬데믹 기간 동안 면대면 수업의 공백기를 감안할 때, 학생들의 사회, 정서적 역량과 연계된 기본 소양 교육이 절실하다. 특히 미성년인 아이들의 경우, 더 가깝고 갈등이 덜한 부모-자녀 관계는 사춘기 성숙과 행동 문제 사이의 연관성을 감소시킨다. 반면, 갈등이 더 많고 덜 친밀한 관계는 이를 악화시킨다. 이 때문에 초기 청소년기에 해당하는 초등학교 고학년에 대한 교육적 접근은 이들의 정서적, 사회적 측면에 보다 관심을 기울일 필요가 있다.

연구년 시절 캘리포니아에서 방문했던 학교들은 교실마다 아이들이 자신의 정서에 관심을 기울이고 이를 돌볼 수 있는 기회를 갖도록 돕고 있었다. 다음 사진은 2023년 방문 당시 리치몬드 초등학교(Richmond Street Elementary) 저학년 교실 벽에 부착된 게시물이다. 이 사진은 교실에서 학생들의 사회정서 학습을 지원하는 다양한 도구들을 보여준다. 사진에는 다음과 같은 요소들이 포함되어 있다.

• The Mood Meter (기분 측정기):

그래프는 기분을 네 가지 영역으로 나눈다. X축은 쾌적함(pleasantness) 수준을, Y축은 에너지(energy) 수준을 나타낸다. 이를 통해 학생들은 자신의 현재 감정을 시각적으로 표현하고 인식할 수 있다.

• Feelings Thermometer (기분 온도계):

온도계는 학생들이 자신의 감정을 더 구체적으로 표현할 수 있도록 돕는다. 온도계에는 다양한 감정 상태(예: 행복, 중립, 슬픔 등)가 표시되어 있으며, 각 감정 상태에 대해 학생들이 취할 수 있는 대처 방법(What I can do)도 함께 나와 있다. 이는 학생들이 감정을 인식하고 적절한 대응 방법을 학습하는 데 도움을 준다.

• Conflict Resolution Options (갈등 해결 옵션):

포스터는 학생들이 갈등 상황에서 사용할 수 있는 해결 방법을 제시한다. 예를 들어, ① 걷기 (Walk), ② 대화하기 (Talk), ③ 가위바위보 사용 (Use Rock, Paper, Scissors) 등의 방법이 있다. 이는 학생들이 갈등 상황에서 평화적으로 문제를 해결하는 기술을 배우는 데 도움을 준다.

이러한 도구들은 학생들이 자신의 감정을 인식하고, 적절히 표현하며, 갈등 상황을 효과적으로 해결할 수 있도록 돕는 사회정서 학습을 지원하는 역할을 한다. 이를 통해 학생들은 감정 조절, 대인 관계 기술, 문제 해결 능력 등을 학습하게 된다.

SEL의 목적은 (1) 학생들이 정서를 이해하고 조절하는데 요구되는 지식과 태도 및 기술을 개발하고, (2) 긍정적인 목표를 설정 및 달성하게 하며, (3) 다른 사람에 대해 느끼고 공감하며, (4) 다른 사람들과 긍정적인 관계를 수립 및 유지하고, (5) 책임감을 갖도록 돕는데 있다. SEL 기술은

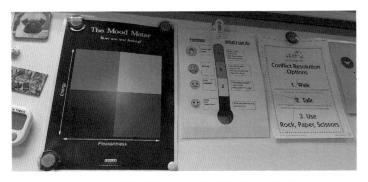

그림 3. 교실 벽에 부착된 사회정서 학습 관련 활동 자료

학급 토론, 역할극, 교육연극, 마음챙김, 협동학습 등과 같은 다양한 활동을 통해 가르치고 학생들로 하여금 이를 연습하게 할 수 있다. 사회정서학습 기반 사회통합교육의 교육 목적, 특징을 구조화하여 교실에서 교사가 아이들과 함께 할 수 있는 교육 구성안을 다음과 같이 제안할 수 있다.

표 4. CASEL 역량과 정서를 고려한 사회통합교육 핵심 목표

CASEL 역량(competency)	정서 기반 사회통합교육 핵심목표
자기 인식	자기 인지
자기 관리	정서인지, 정서조절
타인 고려	타인 존중
책임감	올바른 의사결정과 이에 대한 책임
관계성	바람직한 관계형성을 위한 기술 및 능력

사회정서학습 프로그램의 실제 구현 방안은 다음과 같다.

(1) 감정 인식 교육을 통해 학생들이 다양한 감정을 인식하고 표현하는 방법을 배운다. 감정 카드를 활용하여 학생들이 자신의 감정을 선택하고, 그 원인과 관리 방법에 대해 토론한다.

(2) 긍정적인 대인 관계 스킬을 개발하기 위해 그룹 활동과 팀 프로젝트를 많이 활용한다. 이를 통해 학생들은 의사소통, 갈등 해결, 협력의 중요성을 배운다.

(3) 결정력과 문제 해결 기술 향상을 위해 실생활 상황을 제시하고 해결책을 모색하게 한다. 이 과정에서 학생들은 문제 분석과 적절한 의사결정을 연습한다.

(4) 자기 관리 기술 개발을 위해 스트레스 관리, 시간 관리, 목표 설정 등을 가르친다. 예를 들어, 명상이나 호흡 운동을 통해 스트레스 관리 방법을 익힌다.

(5) 사회적 책임감 강화를 위해 커뮤니티 서비스나 환경 보호 활동에 참여하게 한다. 이를 통해 학생들은 자신의 행동이 사회에 미치는 영향을 이해하고 배려를 배운다.

(6) 감정 조절 및 회복탄력성 교육을 통해 학생들이 부정적 경험을 건강하게 처리하고 회복하는 방법을 배운다. 실패를 학습의 기회로 삼고 긍정적인 자기 대화를 하는 전략을 가르친다.

이러한 세부 사항들은 학생들이 사회정서적으로 성숙하고, 도덕적으로 책임감 있는 인물로 성장하는 데 필요한 기초를 마련한다. 학생들은 자신과 타인에 대한 이해를 깊게 하고 다양한 사회적 상황에서 효과적으로 대처하는 능력을 개발할 수 있다. 또한 이러한 프로그램은 학생들이 존중과 배려의 가치를 내면화하고 평생 지속될 긍정적인 인간관계를 구축하는 데 도움을 준다. 교사는 모범을 보이고 학생들의 학습과 성장을 촉진하는 역할을 한다. 학생들이 학교 내외의 커뮤니티 활동에 참여하여 자신들이 속한 공동체의 일원으로서의 소속감과 연대감을 느낄 수 있다. 종합적으로 이는 학교 교육이 단순히 학문적 지식의 습득을 넘어 학생들이 사회의 책임 있는 구성원으로 성장할 수 있도록 도울 수 있다.

03

IQ를 넘어 MQ를 높이는
교육으로의 진화

학교 교육은 학생들이 지식을 습득하는 것뿐만 아니라 사회적으로 책임감 있는 시민이 되도록 준비시키는 과정이어야 한다. 이 때문에 학교교육에서 IQ(지능 지수)와 더불어 MQ(도덕 지능)와 SEQ(사회정서 지능)를 높이는 것이 중요하다. 이러한 교육을 통해 학생들은 학교뿐만 아니라 사회에서 성공적으로 기능하고 건강한 인간관계를 구축하며 복잡한 사회적 및 도덕적 문제를 해결하는 데 필수적인 역량을 기를 수 있다.

초등학교의 경우 대다수의 아이들에게 있어 공식적으로 처음 마주하는 사회이다. 학생들은 학교에서 자신과 다른 사고방식 및 생활환경을 가진 타인과 관계를 맺는다. 초등학교에 입학 후 아이들은 또래 아이들과 친분을 맺기 시작한다. 아이들은 도덕적 규칙과 관습을 이해하기 시작하고 죄책감, 수치심, 공감과 같은 복잡한 정서를 경험한다. 다른 사람의 독특한 정서적 관점에 대한 이해와 마찬가지로, 원활한 또래 상호 작용을 위한 정서 조절도 점차 성숙한다. 아이들은 이곳에서 인지적 지능뿐만 아니라 도덕적 지능을 함께 키울 수 있어야 한다.

도덕지능은 수학 공식을 암기하거나 논리적으로 분석하고 해석하는 능력과는 다른 차원이다. 도덕지능의 개념 규정에 있어 연구자들마다 상이한 의견을 가지겠지만, 직관적으로 도덕지능은 올바른 선택과 행동을 하는 능력 그리고 적절한 도덕적 정서를 지니고 이를 발휘할 수 있는 것을 말한다. 이것은 어떤 문제를 풀고 암기하며 추론하는 것으로 간단히 획득할 수 있는 것이 아니다. 아리스토텔레스는 "어렸을 때부터 지속적으로 마땅히 기뻐해야 할 것에 기뻐하고, 괴로워해야 할 것에 고통을 느끼도록 어떤 방식으로 길러졌어야만 한다. 이것이야말로 올바른 교육이다."라고 강조했다. 우리는 아이들이 어떤 방식으로 '길러져야만 한다.'는 것에 주목할 필요가 있다. 아이들을 올바른 방향으로 기른다는 것은 교육의 방향과 필요성을 언급하는 것이다. 아이들의 도덕지능을 향상시키기 위해서는 의도적이고 계획적이며 장기간의 교육적 노력이 요구된다. 도덕지능은 우리가 다른 사람들과 올바른 관계를 형성하고 유지하게 한다. 그것은, 도덕이 인간이 서로를 존중하고 신뢰하며 배려하는 데 도움이 되는 규칙과 가치의 집합이기 때문이다.

도덕지능이 중요한 이유는 도덕지능은 옳고 그름을 판단하고 올바른 정서를 지니고 실천하는 능력이기 때문이다. 그것은 확고한 윤리적 신념에 따라 행동함으로써 올바르고 부끄럽지 않게 행동한다는 의미이다. 이 능력은 다른 사람의 고통을 깨닫고 잔인하게 굴지 않는 능력, 자신의 충동을 조절하고 욕구충족을 나중으로 미루는 능력, 판단 전에 편견 없이 경청하는 능력, 차이점을 받아들이고 이해하며 수용하는 능력, 비윤리적인 선택을 판별하는 능력, 불의에 대항하는 능력, 연민과 존중을 가지고 타인을 대하는 능력 등 생활에 필수적인 능력들을 망라한다.[2] MQ와 SEQ의 향상은 학생들이 복잡한 사회적 상황에서 효과적으로 기능하고, 건강한 인간관계를 구축하며, 도덕적이고 윤리적인 결정을 내릴 수 있는 능력을 개발하는 데 중요하다. 이러한 역량의 발달을 지원하는 학교 교육 프로그램은 학생들이 사회적으로 성공적이고 만족스러운 삶을 영위하는 데 필수적이다.

---

2 도덕지능의 개념과 필요성에 대한 내용은 『도덕지능수업』의 1장과 2장을 참고한 것임.

04

학부모교육은
왜 중요하며
우리는 무엇을 해야 할까

오늘날 한국의 학교 현실은 교권 추락, 학교 폭력과 같은 심각한 교육 문제를 안고 있다. 이러한 문제들은 학교뿐만 아니라 가정, 사회 전반에 걸쳐 광범위한 영향을 미치며 아이들의 학습 환경과 정서적 안정성에 부정적인 영향을 준다. 학생들이 겪는 어려움은 단순히 교실 안의 문제를 넘어서 가정과 사회적 상호작용에 깊이 뿌리박고 있으며, 이는 교육의 질과 학생들의 성장 과정에 근본적인 도전을 제기한다. 구체적으로 이러한 문제들은 다음과 같은 부정적인 영향을 초래한다.

첫째, 학생들의 학습에 대한 집중력과 동기를 크게 저하시킨다. 폭력에 직접적으로 노출된 학생뿐만 아니라, 이러한 환경에서 학습하는 모든 학생들의 학업 성취도에 부정적인 영향을 미칠 수 있다. 불안정한 학교 환경은 학습에 필요한 집중력과 안정감을 저해하며, 결국 성적 하락으로 이어질 수 있다.

둘째, 학생들에게 큰 정서적 스트레스를 가중시킨다. 이는 불안, 우울,

심지어 PTSD(외상 후 스트레스 장애)와 같은 정신 건강 문제를 유발할 수 있다. 특히 폭력이나 괴롭힘을 직접 경험한 학생들은 높은 수준의 불안감과 우울증을 겪을 수 있으며, 이는 학업은 물론 일상생활에도 큰 영향을 미친다.

셋째, 학교 내에서의 폭력이나 괴롭힘은 피해 학생을 사회적으로 고립시킬 수 있다. 동료들 사이에서 겪는 배제감은 자존감을 저하시키고 학교생활에 대한 긍정적인 인식을 크게 감소시킨다. 이는 학생들이 학교 및 사회적 활동에 적극적으로 참여하는 것을 방해하며 결국 사회적 통합에도 부정적인 영향을 미칠 수 있다.

넷째, 학교에서 겪는 학생들의 문제는 학생뿐만 아니라 그 가정에도 영향을 미친다. 학부모는 자녀가 겪는 학교 문제로 인해 큰 스트레스와 걱정을 겪으며 이는 가정 내 긴장과 갈등으로 이어질 수 있다. 특히 자녀의 학교 폭력 피해 사실을 알게 된 부모는 적절한 대응 방안을 모색하며 심리적 압박을 경험할 수 있다.

다섯째, 학교 폭력과 교권 추락은 교육 시스템 전반에 대한 신뢰를 감소시킬 수 있다. 이러한 문제가 지속될 경우 학부모와 학생들은 학교와 교육 시스템에 대한 믿음을 잃게 되며 이는 교육에 대한 전반적인 태도와 접근 방식에 부정적인 영향을 미친다. 사회적 신뢰도가 하락하면 학교와 가정, 지역 사회 간의 협력과 소통이 약화되어 교육 문제 해결에 필요한 공동체적 노력이 줄어들 수 있다.

학교 폭력과 교권 추락 문제는 단순히 개인적 또는 교육적 문제에 그치지 않고 장기적으로 사회적 문제로 발전할 가능성이 크다. 예를 들어, 학교 폭력에 노출된 학생들은 성인이 되어서도 폭력적인 행동을 이어갈 수 있으며 이는 범죄율 증가와 같은 사회적 문제로 이어질 수 있다. 또한 교육 시스템에 대한 불신은 젊은 세대의 사회 참여 의식을 약화시켜 민주주의와 사회적 책임감의 저하로 이어질 수 있다. 이러한 부정적인 영향을 최소화하고 궁극적으로 해결하기 위해서는 학교, 가정, 사회가 함께 협력하는 다각적인 접근 방식이 필요하다. 예를 들어, 학교는 폭력 예방 프로그램과 정서 지원 시스템을 강화하고 교사들에게는 학생들의 정서적 안정성과 학습 능력을 지원하는 훈련을 제공해야 한다. 또한 가정과 사회는 학교 교육에 적극적으로 참여하고 학생들이 긍정적인 사회 구성원으로 성장할 수 있도록 지원하는 환경을 조성해야 한다. 이를 통해 학생들은 안전하고 지지적인 학습 환경에서 성장하며, 학교 폭력과 교권 추락 문제를 근본적으로 해결하는 데 기여할 수 있다. 이러한 상황에서 학부모교육의 중요성이 부각된다.

학부모들이 자녀의 학교생활 관련 문제를 이해하고 적절히 대응하는 방법을 배우면, 자녀에게 효과적인 정서적 지지를 제공할 수 있다. 이를 통해 자녀가 학교에서 겪는 스트레스와 압박감을 완화할 수 있으며, 결과적으로 아이들은 학교생활에서 느끼는 부담이 줄어들고 정서적으로 더 안정될 수 있다. 또한 이는 학교와 가정 간의 소통과 협력을 강화하고 교육 과정에 부모가 더 적극적으로 참여할 수 있는 기반을 마련한다. 이러한 협력은 교육 문제를 해결하고 학교 환경을 개선하는 데 중요한 역할을 한다. 학부모 교육을 통해 부모들은 자녀 교육에 있어 자신의 역할과 책임을 더 깊이 인식하게 된다. 이는 부모가 자녀의 교육적 성장과 발달을 지원하기 위해 더 적극적으로 노력하도록 동기를 부여하며 결과적으로 아이들이 학교뿐만 아니라 사회에서도 더 성공적으로 성장하도록 돕는다.

학생들이 교사를 대하는 태도에는 학부모의 영향이 매우 크다. 사회학습이론에 따르면, 아이들은 주변 사람들의 행동을 관찰하고 모방하며 학습한다. 이 과정에서 부모는 아이들의 초기 사회화에 가장 중요한 모델 역할을 한다. 학부모가 교사와의 소통에서 존중과 이해의 태도를 보일 때, 이는 아이들에게 긍정적인 모델링이 된다. 결과적으로 아이들은 이를 내면화하여 교사를 존중하는 방식으로 대하게 된다. 즉, 부모가 교육의 중요성을 강조하고 교사의 역할을 소중히 여기는 가치관을 가질 때, 이러한 가치관은 자연스럽게 아이들에게 전달된다.

반면, 학부모가 교사에 대해 부적절한 태도를 보일 경우, 이 또한 그대로 자녀에게 전해진다. 이러한 환경에서 자란 아이는 교사로부터 어떠한 교육적 가치도 효과적으로 받아들이기 어렵게 된다. 따라서 학부모의 태도는 단순히 교사와의 관계에 국한되지 않고, 자녀의 전반적인 교육 경험과 학습 효과에 지대한 영향을 미친다. 이는 학부모의 역할이 자녀 교육에 있어 얼마나 중요한지를 잘 보여주는 예라고 할 수 있다.

학부모교육은 학생들의 학습과 성장 과정에서 학부모의 역할이 매우 중요함을 인식하는 데서 출발한다. 학부모교육을 통해 부모는 자녀 교육에 있어서의 자신의 역할을 이해하고 이를 효과적으로 수행할 수 있는 지식과 기술을 습득할 수 있다. 이는 교육의 질을 확보하고 향상시키는 중요한 차원에서 핵심적인 역할을 한다.

학부모 교육 강화를 위한 방안은 다음과 같다.

첫째, 미국 교육 현장의 사례를 참고하여 각 학교에서 주제별 워크숍과 세미나를 개최한다. 이를 통해 학부모에게 자녀 교육에 필요한 실질적인 지식과 기술을 제공한다. 구체적인 예로는 디지털 시대의 자녀 양육 방법, 효과적인 학습 동기 부여 전략, 부모-자녀 간 대화 기술 향상, 자녀의 정서적 발달 지원 방법, 학교-가정 연계 교육의 중요성과 실천 방안 등이다.

둘째, 시간과 장소의 제약을 극복하고 더 많은 학부모의 참여를 유도하기 위해 온라인 플랫폼을 활용한 교육 프로그램을 확장한다. 이 온라인 프로그램은 전문가가 진행하는 실시간 웨비나, 학부모가 자유롭게 시청할 수 있는 온라인 동영상 강의, 학부모들 간의 경험과 정보를 공유할 수 있는 온라인 포털, 교육 전문가와의 1:1 온라인 상담 세션 등과 같은 다양한 형식을 포함할 수 있다. 예를 들면, 현재 구축되어 있는 학부모On누리(전국학부모지원센터)를 내실화하고 활성화할 수 있다. 필요시 일부 교육은 학부모들을 위해 의무화하거나 자격화할 수 있다.

셋째, 학부모와 교사 간의 정기적인 소통 채널을 구축한다. 이를 통해 학생의 학습 진행 상황, 행동, 사회적 상호작용 등에 대해 심도 있게 논의할 수 있다. 이러한 프로그램은 학부모와 교사 간의 의사소통 강화, 학생 지원을 위한 공동의 전략 수립, 학교와 가정 간의 일관된 교육 방침 확립, 학부모의 학교 교육 과정에 대한 이해도 향상과 같은 효과를 기대할 수 있다.

다각적인 접근을 통해 학부모 교육을 강화함으로써, 학부모의 자녀 교육 역량을 높이고 궁극적으로는 학생들의 전인적 성장과 학업 성취도 향상에 기여할 수 있다.

결론적으로 학부모교육은 학교 교육의 효과를 가정으로 확장하고 학습 환경의 연속성을 보장하며 학생들의 정서적 및 사회적 발달을 지원함으로써 교육의 질을 종합적으로 향상시키는 데 기여한다. 학부모교육의 효과적인 실행과 지속적인 발전을 위해서는 교육부와 시도교육청 등의 정책적 뒷받침이 필수적이다. 이를 위해 다음과 같은 정책적 지원이 필요하다. 첫째, 학부모교육 관련 법규 및 제도 정비와 같이 학부모교육의 의무화 및 지원에 관한 법적 근거를 마련한다. 둘째, 전문 인력 양성과 지원으로 학부모교육을 전담할 수 있는 전문가를 양성하고 각 학교를 지원한다. 셋째, 학부모교육 가이드라인 개발로 국가 수준의 학부모교육 표준 커리큘럼과 운영 가이드라인을 개발하여 보급한다. 넷째, 성과 평가 및 환류 체계 구축으로 학부모교육의 효과성을 지속적으로 평가하고 개선하는 시스템을 구축한다.

학부모교육은 자녀의 전반적인 발달과 교육성과에 긍정적인 영향을 미치므로, 학부모를 대상으로 한 다양하고 포괄적인 교육 프로그램을 제공함으로써 학부모와 학교가 협력하여 자녀의 성장과 학습을 최적화할 수 있는 환경을 조성해야 한다.

이를 위해선 학부모의 필요와 요구를 반영한 맞춤형 교육 커리큘럼 개발, 다양한 교육 매체와 방식의 활용 그리고 지속적인 피드백과 지원 체계의 구축이 필수적이다. 학부모교육은 교육의 질을 확보하는 데 있어 중추적인 역할을 한다. 따라서 교육 기관은 학부모교육 프로그램을 적극적으로 개발하고 제공함으로써 학생들에게 제공되는 교육의 질을 지속적으로 향상시킬 수 있다.

05

아이들과 국가를
살리는 묘책:

애착 기반의 '관계형성'이라는 마법

AI 디지털 시대는 정보의 접근성과 소통의 용이성을 극대화하였지만 동시에 개인 간의 실질적인 연결과 깊이 있는 관계 형성에 있어 새로운 장벽을 만들어내기도 했다. 이에 따라 실질적 관계 형성의 중요성이 더욱 커지고 있으며 그것이 아이들과 국가의 미래에 미치는 영향에 대해 탐구할 필요가 있다.

첫째, 인공지능과 생성 AI가 교육 환경에 도입되면서 교사와 학생, 그리고 학생들 간의 관계 형성에 영향을 미치고 있다. 이로 인해 관계가 더욱 피상적으로 변할 수 있다는 우려가 제기되고 있다. 알파세대 아이들은 어릴 때부터 소셜 미디어에 노출되어 있다. 예를 들어, 인스타그램을 통해 친구들과 소통한다고 가정할 때, 아이들은 매일 수십 개의 '좋아요'를 누르고 짧은 댓글을 달지만, 이러한 상호작용은 깊이 있는 대화나 감정 교류로 이어지지 않는다. 결과적으로 아이들은 많은 '온라인 친구'를 가지고 있다고 느끼지만, 실제로 깊은 우정을 나눌 수 있는 친구는 거의 없을 수 있다.

둘째, 디지털 기기는 즉각적인 반응과 만족감을 제공하여 신속한 만족감 추구 경향을 강화한다. 12살 소년이 온라인 게임을 통해 친구를 사귀는 경우를 예로 들 수 있다. 게임 내에서의 협력과 경쟁은 즉각적인 흥분과 성취감을 준다. 그러나 이러한 관계는 게임 상황에 국한되어 있어, 실제 생활에서 마주치는 갈등이나 어려움을 함께 극복하는 경험을 하기 어렵다. 또한 '만족지연'과 같은 중요한 사회적 기술을 학습할 기회가 줄어들 수 있다. 이는 장기적으로 인내심 부족, 충동 조절 능력 저하, 그리고 실제 대인관계에서의 어려움으로 이어질 수 있다.

지식정보화 사회에서는 디지털 리터러시뿐만 아니라 사회적 기술의 중요성이 동시에 강조된다. 디지털 도구를 효과적으로 활용하는 능력과 함께 타인과의 의사소통, 협업, 감정 이해와 같은 사회적 기술은 미래 사회의 필수적인 역량으로 부상하고 있다.

슈밥은 4차 산업혁명의 도전은 사람들의 정신, 마음과 영혼의 집단적 지혜가 동원될 때만 의미 있게 다루어질 수 있다고 보았다. 그는 2016년 다음과 같은 네 가지 다른 종류의 지능을 제안했다. (1) 우리가 지식을 이해하고 적용하는 능력인 상황 맥락적 지능(the mind), (2) 우리가 어떻게 생각과 감정을 처리하고 통합하며 자신과 다른 사람들과 어떻게 관계하는지와 관련된 능력인 정서적 지능(the heart), (3) 우리가 어떻게 개인적 및 공유된 목적, 신뢰 및 기타 미덕을 이용하여 변화를 이끌고 공동선을 향해 행동하는지와 관련된 능력인 영감적 지능(the soul), (4) 개인에게 닥칠 변화와 구조적 변화에 필요한 에너지를 얻기 위해 자신과 주변의 건

강과 행복을 구축하고 유지하는 능력인 신체적 지능(the body)이다.[3]

한편 세계경제포럼(World Economic Forum)은 2015년 기술 격차를 완화할 수 있는 방법을 탐색한 보고서 New Vision for Education: Unlocking the Potential of Technology에서 21세기 디지털 경제에서 학생들에게 요구되는 중요 기술을 〈그림 4〉[4]와 같이 16가지 즉, ① 리터러시 ② 수리 능력, ③ 과학 리터러시, ④ 정보통신기술 리터러시, ⑤ 재무 리터러시, ⑥ 문화 및 시민 리터러시, ⑦ 비판적 사고/문제 해결, ⑧ 창의성, ⑨ 의사소통, ⑩ 협력, ⑪ 호기심, ⑫ 주도성, ⑬ 인내심/끈기, ⑭ 적응력, ⑮ 리더십, ⑯ 사회 및 문화적 인식으로 규정했다.

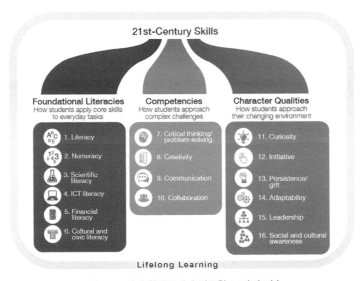

그림 4. 21세기 학생들에게 필요한 16가지 기술

---

3 https://www.up.ac.za/media/shared/643/ZP_Files/2016/Papers/sme4_full.zp97890.pdf (검색일: 2024.2.15.)

4 https://www3.weforum.org/docs/WEFUSA_NewVisionforEducation_Report2015.pdf (검색일: 2024.2.15.)

21세기는 기술적 변화가 빠르고, 혁신이 중요시되는 시대이다. 이러한 변화 속에서 필요한 능력은 단순히 학문적 지식을 넘어, 협업, 창의성, 그리고 문제 해결 능력이 포함된다. 더 나아가, 인내, 호기심, 주도성과 같은 성격 특성 또한 중요하다. 빠르게 변화하는 시장에서 이러한 성격 특성은 장애물을 마주했을 때 더 큰 회복력과 성공을 보장한다. 호기심과 주도성은 새로운 개념과 아이디어를 발견하는 출발점으로 작용한다. 리더십, 사회적, 문화적 인식은 사회적, 윤리적, 문화적으로 적절한 방식으로 타인과의 건설적인 상호작용에 관련된다. 이러한 배경을 바탕으로 학생들에게 정서, 사회성, 협업, 가치 및 덕목과 특히 건강하고 실제적인 '관계성 형성'이 필요한 이유는 다음과 같다.

첫째, 협력적이고 소통이 중시되는 현대의 직업 환경에서는 타인의 감정을 이해하고, 감정적 지원을 제공할 수 있는 능력이 중요하다. 이는 건강한 직장 문화를 형성하고, 동료들과의 긍정적인 관계를 유지하는 데 기여한다.

둘째, 창의적 문제 해결을 위해서는 다양한 사람들과 협력하는 능력이 요구된다. 협업은 다양한 배경과 전문 지식을 가진 사람들이 모여 더 나은 해결책을 찾아낼 수 있도록 도와준다.

셋째, 각 개인이 사회 구성원으로서의 책임을 다하고, 공동의 선을 추구하며, 윤리적으로 행동하는 능력은 지속 가능한 사회를 위해 필수적이다. 이는 사회적, 문화적 다양성을 존중하고 이해하는 태도와도 밀접하게 연결된다.

넷째, 오늘날의 글로벌 환경에서는 네트워킹과 팀워크가 점점 더 중요해지고 있다. 관계성 형성은 개인이 팀 내에서 효과적으로 기능하고, 더 큰 조직 내에서 협력적으로 작동할 수 있는 능력과 직결된다.

마지막으로 정신건강의 차원에서 관계성 형성은 매우 중요하다. 건강한 관계는 개인의 정서적 안정과 웰빙에 크게 기여한다. 긍정적인 사회적 연결은 스트레스를 감소시키고, 우울증과 불안을 예방하며, 전반적인 삶의 만족도를 높인다. 또한, 강한 사회적 지지 네트워크는 개인이 어려운 시기를 극복하는 데 도움을 주고, 회복력을 증진시킨다.

따라서 학생들이 의미 있는 관계를 형성하고 유지하는 능력을 개발하는 것은 그들의 장기적인 정신건강과 행복에 필수적이다. 이는 단순히 개인의 웰빙을 넘어 사회 전체의 건강과 생산성 향상으로 이어질 수 있다. 관계성 형성은 학습과 역량, 능력을 향상시키는 기반이 되며 학생들이 학교뿐만 아니라 삶의 다양한 영역에서 성공하기 위해 필수적인 공감능력, 협업 그리고 창의적 해결책을 찾는 법을 배울 수 있도록 한다. 학생들은 타인과의 건강한 관계를 형성함으로써 그들의 사회적 및 정서적 능력이 향상되고 리더십과 윤리적 판단력이 자연스럽게 발달한다. 이것은 단순히 학문적 성취를 넘어서 적응력과 인내심 같은 인간의 기본 덕목을 개발하는 데 중요한 역할을 한다. 관계성 형성은 개인이 보다 넓은 사회적 맥락에서 자신의 역할을 이해하고, 상호 의존적인 세계에서 책임감 있게 행동하는 데 필요한 기초이다.

결론적으로 교육의 미래를 설계할 때, 우리는 학생들에게 기술적 능력만을 가르치는 것이 아니라 이들이 상호 연결된 세계에서 중요한 '관계를 형성하고 유지할 수 있는 능력'을 개발하도록 도와야 한다. 이러한 접근은 학생들이 자신만의 성공을 구축하고 더 큰 국가적 번영에 이바지하는 시민으로 성장하는 데 필수적인 기반이 될 것이다. 우리는 이를 통해 아이들에게 삶을 살아갈 수 있는 힘을 주는, 그 이상의 교육을 실현할 수 있을 것이다.

특히 주목해야 할 점은, 이러한 관계성 형성을 위해서는 단순히 피상적인 비대면의 연결에 그치지 않고 대면으로 이어지는 실질적인 관계성 형성이 필요하다는 것이다. 직접적인 대면 상호작용은 더 깊고 의미 있는 관계를 구축하는 데 필수적이며, 이는 디지털 시대에서 더욱 중요해지고 있다.

제5부

한국교육이 미국 교육에 묻다: 수지오 교장선생님과의 인터뷰

미국에는 50개 주가 있으며 각 주마다 공립학교와 교사 교육 프로그램에 차이가 있을 수 있다. 공교육은 각 주의 책임이다. 캘리포니아를 포함한 대부분의 주에서는 교사가 되기 위해 교사 자격증을 취득해야 한다. 이 자격증은 학부 과정에서 교육 관련 전공을 하거나 학부 졸업 후 교육대학원의 교사 자격증 프로그램에 등록하여 취득할 수 있다. 누구나 전공에 관계없이 4년제 대학을 졸업(B.A. 학위)한 후, 교육대학원의 교사 자격증 프로그램에 등록하여 교육 과정을 이수할 수 있다.

캘리포니아에서는 공립학교 교사 후보들은 먼저 주에서 요구하는 시험을 치러야 한다. 교육국 본부의 인사 부서(Human Resources Division)가 교사 지원자의 서류와 자격을 처리한다. 이 때 교사 후보의 순위는 매기지 않는다.

미국에서 교사의 임용은 각 학교에서 선발하고 그 이후 교육국 인사부에서 인사과정 일체(Paper work)를 도와준다. 교장은 학교의 교사 채용 필요시, 교육국 본부 인사 부서에 연락하여 후보자를 보내 달라고 요청하고, 학교 현장에서 교사 채용 위원회(주로 교장, 교사 대표, 학부모 대표, 고등학교의 경우에는 학생 대표도 포함)를 구성하여 교육 경력이 있을 시 직전 근무지의 교장의 평가를 참고 한 뒤, 면접을 보도록 한다. 교장은 일반적으로 교사와 학부모로 구성된 교사 선발 위원회와 함께 교사 후보자를 면접하고 선발한 다음, 교육국 본부 인사 부서에 면접/선발 결과를 보고한다.

실제 교사가 되기 위해서는 단순히 시험을 통과하는 것이 아니라 실제 현장 교육 경험이 중요하다. 학교 현장에서의 면접은 이론보다는 실제 학교에서 당면할 문제를 해결할 경험을 더 중요하게 본다. 이 때문에 실제 교육 현장에서 당면할 문제 상황에 대해 질문을 한다. 예를 들면, 학부모와의 갈등이 발생할 경우 어떻게 할 것인가? 와 같은 것들을 학교별 교사 선발 인터뷰 시 물어본다. 다시 말해, 교사가 되기 위해서는 교육에 대한 현장 경험이 더 중요하다. 물론 교사로서 지속적으로 배우고자 하는 열정과 전문성도 중요하다. 또한 교사는 학부모와의 대화에서 인간관계 기술도 필요하다. 그래서 교사 시험은 단순히 학문적인 부분뿐만 아니라, 교사로서의 역량을 평가하는 것이 중요하게 여겨진다. 그런데 교사 면접시 인터뷰는 잘 하지만 고용 후 가르치는 것을 잘 수행하지 못하는 경우 또는 면접에서는 다소 수줍고 소극적인 듯했으나 고용 후 실제 가르치는 것은 아주 잘 하고 학부모 관계에서도 소통을 잘하는 교사의 경우도 많이 있다. 인터뷰는 교장 단독이 아닌 코디네이터, 교사 대표, 학부모 대표 등이 참여한 교사 임용 선발 위원회에서 진행한다.

교장 임용시에도 면접을 보는데 이 때 질문은 예를 들면, '만약 동네 사람들이 당신의 학교 아이들이 그들의 잔디밭을 밟는다고 불평할 때, 당신은 어떻게 대응할 것인가?'와 같은 것들이다. 학부모 민원 발생시 해결 방안, 비행학생들의 행동을 어떻게 도와줄지, 학습 부진아의 학습 능력을 어떻게 향상시킬지, 영재성이 있는 학생에게 어떻게 차별화된 교육 과정을 제공하여 학생을 더욱 발전시킬지 등을 포함한다.

　이어지는 장에서는 각 주제별로 수지오 교장선생님[1]과 나누었던 내용을 질문과 이에 대한 답변 형식으로 간략히 정리하였다.

1　Dr. Suzie Oh: Adjunct faculty at California State University system(캘리포니아주립대학교 객원교수), Doctor of Education from U.S.C.(남가주대학교 교육학 박사), Retired Principal, Los Angeles Unified School District(LA통합교육구 산하 공립 초등학교 교장으로 은퇴)

01

교육 목적, 특징, 체계
그리고 장단점

질문)

미국 교육체계의 주요 특징은 무엇인가요? 미국 교육체계에서 다양한 학습자들의 차이와 다양성에 어떻게 대응하고 있나요? 특수 교육, 다문화 교육, 장애 학생 등을 포함한 다양한 학생들의 교육에 대한 접근 방식은 어떤가요? 미국 교육에서 최근의 가장 큰 변화는 무엇인가요? 미국 교육에서 가장 큰 문제점은 무엇인가요? 미국의 교육 시스템에서 개선되어야 할 부분이 있다면 어떤 점들일까요? 학교 예산과 교육 관련 책임 소재는 어떻게 되나요?

답변)

Civil Rights Act(1964)의 연방 민권 운동법에 의해서 Diversity(다양성), Equity(평등), Inclusion(포함)이 미국 교육의 기본 사상이다. 배경에 상관없이 누구에게나 기회를 주는 것이 법으로 정해져 있고 반드시 의무적으로 수행해야 한다. 예를 들면, 특수 아동, 이민자, 난민, 유색인종, 빈곤층 등의 동등한 기회를 법을 통해 보장하고 있다. 이를 실행하지 않으면 시민 단체에서 소송을 걸 수 있다.

미국 이민 초기 한국인이라면 한국어로 설명을 들을 수 있도록 법으로 규정되어 있다. 캘리포니아는 교사 자격을 위해 다문화 학점을 반드시 이수해야만 한다. 교장 또한 교직 과목 등을 모두 이수한 이후 다문화 학점을 이수해야만 한다.

미국 교육의 중요한 점으로 P-16 ARTICULATION과 COLLEGE & CAREER READINESS(유, 초중고대학 연계 활동과 대학과 직장 준비)를 들 수 있다.

(1) P-16 ARTICULATION

유치원, 초등학교, 중학교, 고등학교, 대학교의 교육과정을 연결 하고자 노력하고 있다.

P는 preschool(3~4세)을 나타내며, '16'은 학생들이 대학을 졸업할 때까지의 교육 경로를 나타낸다. 이 용어는 초등학교, 중학교, 고등학교, 대학의 각 학교 교육 단계 간의 학습 내용 및 성과를 조화롭게 이어주는 것을 목적으로 한다. 이를 통해 학생들이 자연스럽게 학습을 진행하고 더 나은 교육 경험을 할 수 있도록 지원한다. 국가교육과정이 있지만 이보다는 주(state)별로 공통핵심기준(Common Core Standards)이 있고 이에 의거하여 가르치고 배운다.

(2) COLLEGE & CAREER READINESS

대학 준비와 직장 준비를 위한 지식과 기술 교육을 위해 노력하고 있다. 대학 및 직업 적합성은 대학 이후의 성공을 위해 준비된 학습자들의 지식, 기술 및 태도를 강조한다. 모든 학생들이 고등학교 졸업시 대학 진학, 직업, 인생을 준비하고 자신이 선택한 미래를 추구할 준비성을 갖추도록 돕는다. 학생들은 자신의 전문 분야와 관련된 인턴쉽 프로그램 등에 참여한다.

미국의 경우 교육부 장관은 유, 초, 중, 고의 교육만 관여한다. 대학은 캘리포니아 대학교 이사회(UC Regents) 등이 독립적으로 운영한다.

장애학생을 지칭하는 용어는 'Students with Special Needs'이며, 새롭게 영어를 배우는 이민자 아이들은 'English Leaners'이다.

미국의 지역 대학(Community College)은 대학과는 별도로 운영되며, 주정부에서 지역사회를 위해 운영한다. Community College는 2년간의 학사(B.A.) 과정이 아닌, AA degree 과정을 제공한다. 많은 학생들이 Community College에서 2년을 마친 후 4년제 대학으로 편입한다. Community College의 학비는 무료이다. 미국은 앞으로 대학의 무료 교육(free college education)을 목표로 하고 있다.

미국 교육의 장점은 모든 유형의 학생을 고려한다는 점이며, 단점은 이를 위해서 예산이 많이 투여된다는 점이다. 또한 모든 사람들이 법적 권리가 있기에 학교 현장에서 이를 수용하기 위해 많은 어려움이 있기도 하다. 예를 들면, 캘리포니아의 경우, 특별한 도움이 필요한 학생들(Students with Special Needs)의 경우, 0~22세까지 법으로 교육을 받을 수 있게 보장한다. 일반 학생의 경우, 5~18세에 해당하는 K-12 즉, 초등학교에서 중학교 그리고 고등학교까지 보장한다.

　　미국 캘리포니아 교육 환경에서 개선이 필요한 점은 전반적으로 교육자에 대한 사회의 신임이나 존중이 적고 아울러 교사가 되고자하는 지원자가 적은 편이라는 점이다. 학교 현장에서 현장 교사의 부족을 겪는 주와 학교들이 많다. 미국은 교육이 주 정부의 책임 하에 있기에 주정부에서 90% 이상의 예산책정과 책임을 갖고 있다. 연방정부는 관심만 보내면 되며 로컬 정부 또한 지원을 하면 된다. 예를 들면, 방과후 수업프로그램(After School program) 중에는 로스앤젤레스시에서 지원하는 프로그램이 있다. 예산은 주에서 90% 이상을 지원하고 연방정부는 10% 정도 가량 지원한다. 학교가 가난한 지역에 위치하든 부자 동네에 위치하든 주정부의 지원은 동일하다. 다만 가난한 지역의 경우에 연방정부가 조금 더 보상을 해준다. 학교가 부자 지역일 경우에는 학부모의 학교 발전기금 등의 후원금이 늘어나게 된다.

02

교육 방식과 학생 평가

질문)

한국과 미국의 교육 방식에서 학생 중심의 차이가 있는지 알고 싶습니다. 미국 교육에서 학생들이 어떻게 자기 주도적으로 학습하고 발전할 수 있을까요? 미국 교육에서 가장 중요한 학습 방법은 무엇인가요? 미국 교육체계에서 평가와 테스트의 역할은 어떻게 되나요? 어떤 평가 방식이 주로 사용되며, 학생들의 성과를 측정하고 평가하는 방법은 어떻게 이루어지나요?

답변)

미국교육과 한국교육이 비슷한 점도 있고 다른 점도 있다. 교육 방식은 미국과 한국이 둘 다 학생 중심의 수업으로 전환하려고 노력하고 있다(Shift from Teacher-Centric teaching to student-centered learning)고 본다. 미국의 경우는 학생들이 적극적으로 토의를 하고 교사는 옆에서 촉진자의 역할을 주로 한다. 그러나 학교와 교실에 따라 교사가 너무 많이 말하여 교사 중심인 측면이 있다. 따라서 학생중심의 수업으로 더욱 발전할 필요가 있다. 이상적인 발화 비중으로는 교사는 20% 정도를 학생이 80% 정도라고 생각한다. 적어도 교사 50%와 학생 50% 정도의 발화 비중이다.

미국 교육에서 중요한 학습 자료는 종이책(paper text books)과 이북(e-books) 두 가지 모두이며 이 둘의 균형이 중요하다고 본다. 최근의 리서치에 의하면 이북보다는 종이책이 학생들이 더 잘 배운다고 보고한다. 종이책은 손으로 만질 수 있고 줄을 치고 색도 칠하는 등의 마크도 할 수 있다. 물론 이북도 이러한 활동을 할 수 있으나 제한적이다.

미국 교사들은 학생들의 선택과 목소리를 들으려고 노력한다. 즉, 교사가 어떻게 가르치고 그리고 무엇을 가르치고자 하는가 보다는 학생들이 자신들이 아는 바를 그리고 이해하는 바를 어떻게 표현하게 할 수 있는가를 더 중요하게 생각한다. 교사들은 이를 위해 늘 노력한다. 또한 학교에서 학생들의 이해를 표현하는 행사도 매우 많이 진행되며 동료 또는 소그룹 토의 활동이 장려된다.

미국에서는 교사들이 사용하고 있는 교육 기술과 혁신적이고 창의적인 방법들로는 하브루타식 토론 수업, 소크라테스식 수업, STEM/STEAM, 학제 간 접근(interdisciplinary approach) 및 융합방식 등을 활용하고 있다. 여기서 융합방식을 사용하는 경우에는 주제식(thematic approach)수업을 중심으로 한다. 예를 들어 경제 공황에 대해 배운다면 역사시간, 문학시간에도 이것을 주제로 한 글쓰기 등을 하고 음악도 그 당시에 나온

음악을 다룬다.

몽골의 침략을 세계사에서 다룬다면 몽골 침략이 한국에 영향을 끼친 점, 유럽에 영향을 끼친 점 등 상호 비교와 대조를 학생들이 토의하고 분석하는 식의 수업을 진행하며 단순히 내용을 암기하게 하지 않는다.

세종대왕에 대해서 배운다면 세종대왕이 현 시대에 태어났다면, 혹은 그와 비견할 수 있는 세계적 인물은 누구일까 등의 사고의 확장을 위한 수업을 한다.

2차 대전의 잔인성을 배운다면, 여기에는 위안부, 유대인 학살 등이 들어 갈 수 있고 이들을 통해 전쟁의 잔인성을 학생들이 깨닫게 하고 앞으로 이러한 참상이 반복되지 않도록 학생들이 노력하도록 이끈다.

비교 및 대조, 분석을 수업에 활용하며 그 인물의 역사적 업적을 단순 암기하게 하지 않는다.

학제간 접근의 경우 의학이라고 하더라도 과목 간 연계를 통해 접근하며, 모든 사물을 여러 각도에서 볼 수 있도록 한다. 융합의 경우 인문학과 과학을 융합한 접근을 하고 있다. 예를 들면, 학부에서 영어나 심리학을 전공한 사람이 의과대학 대학원에 갈 수 있다. 지구 온난화의 문제에 대해서라면 과학자, 환경학자, 사회학자, 정치가, 소비자, 경제학자 등의 다양한 관점에서 볼 수 있게 한다. 학생들이 이러한 입장들에 서 보고 이러한 관점에 대해 연구하고 발표하도록 지도한다.

다음으로 평가에 있어 캘리포니아에서는 아직까지 SBAC(Smarter Balanced Assessment) 시험을 실시한다. 평가 SBAC는 봄에 치르는데 주로 3월에서 5월에 실시한다. 이 시험은 CAASPP[2] 중 영어와 수학 과목을 포함한 것으로 학교별로 봄 학기에 실시한다. 과목별로 보면 캘리포니아의 경우, 영어와 수학은 모든 학년이 시험을 치른다. 모든 학년은 초등학교 2학년부터 5학년, 중학교인 6학년에서 8학년, 고등학교급인 9학년에서 11학년을 말한다. 과학과 소셜 스터디의 경우 초, 중, 고 각각 지정된 한 학년이 시험을 치른다.

표준 학년고사라 할 수 있는 연간 평가(yearly assessment) 점수는 공립학교의 경우 해당 학교의 평균을 공개한다. 단, 학생 개개인의 성적이 아닌 학교 전체의 각 과목별 성적이 공개된다. 학생 개개인의 성적은 교장, 담임교사 그리고 학부모에게만 공개한다.

이 외에 학생들의 성취를 알고 그에 따라 교수하기 위해서 있는 시험은 다음과 같다.

시험은 크게 2가지로 (1) UNIT test마다, 교과서 구성에 따른 시험과 (2) 분기별 평가(Quarterly Assessment)인 가을, 겨울, 봄, 여름에 실시하는 시험이 있다.

성적은 학생들마다 색깔 즉, 그린, 엘로우, 레드로 표기된다. 여기서 시험에 대한 피드백이 중요한데 교사, 교장 모두 훈련을 받은 후 학생들의 시험 결과에 따라 어떻게 지도해야 하는지를 확인한다. 예를 들어 성적 급별로, 그린은 잘하는 학생으로 계속 잘하도록 도움을 계획한다. 엘

---

2   CAASPP (California Assessment of Student Performance and Progress)는 캘리포니아 학생 성취도 및 진전도 평가로 캘리포니아주에서 3-8학년과 11학년 학생들의 수행 평가를 위해 실시하는 일련의 표준 학력 평가를 통틀어 일컫는 용어이다. 캘리포니아주가 공통 핵심 표준 (Common Core)을 시행하면서 표준에 맞추어 학력 평가도 업데이트 되었다.

로우는 부족한 학생으로 어느 부분이 부족한지 확인한다. 레드는 매우 부족한 학생으로 매일 개입하여 도움을 준다. 이 경우 중재 프로그램 (Intervention program)을 제공한다. 첫째, 교사를 특별 배정하여 해당학생들을 소그룹으로 중점으로 가르치거나, 둘째, 각 반의 해당 학생들을 모아서 어느 점들이 부족한지 구체적인 부분을 지도한다. 초등의 경우는 학년별로, 중등은 교과별로 교사들이 상호 협력하여 어느 부분이 부족한지 확인하고 이에 대해 구체적으로 지도한다. 중요한 것은 교사들은 교과서에 의존하기보다 교사 팀으로 가르치려고 노력한다. 이 때 교사들은 학생들에 대한 팀별 지도를 사전에 훈련받는다. 교장도 이와 관련한 훈련을 받아야 한다.

03

교사 자격, 연수, 급여

질문)

교사의 역할과 자격 요건은 어떻게 되나요? 미국 교육에서 교사들의 교육과 교직 이후의 지속적인 전문 개발은 어떻게 이루어지고 있나요?

답변)

미국은 석사 수준의 교원 양성 체제를 운영한다. 주마다 요구 사항이 다를 수 있으나 미국에서 교사가 되는 일반적인 과정은 교원 자격 취득과 임용시험이다. 자격증을 얻기 위해서는 학사 학위 취득 후, 교사가 되기 위한 교육 프로그램을 수료해야 한다. 이는 주로 대학이나 대학원에서 제공되며 교육 실습, 교육 방법론, 학급 관리 등에 대한 교육이 포함된다. 교사 자격증 취득 요건은 각 주별로 다를 수 있다. 해당 주에서 요구하는 자격증 시험을 준비하고 통과해야 한다. 교육 실습과 같이 교육 현장에서의 경험을 쌓는 것은 필수이다. 예를 들면, 캘리포니아에서 교사 자격은 한국과 다르다. 일반대학을 졸업한 이후 반드시 대학원에서 1-2년 간 교사 자격증 프로그램(teacher credential program)을 이수해야 하는데 필수적으로 교직 과목을 이수해야 한다. 추가하여 석사 학위(masters degree) 과정을 수강하기도 한다. 교직 과목을 모두 이수한 이후에는 교육 현장에서 교생 실습을 한 학기 내지 두 학기 진행한다. 교생들이 현장에서 교생 실습 진행시 대학 지도교수(university supervisor)가 배정된다. 미국에서 예비교사는 길게는 1년이라는 기간 동안 교육 현장에서 실질적인 기술과 다양한 지식을 습득할 수 있다.

교사 자격증 획득 이후에도 지속적으로 5년마다 교사 자격증을 유지하기 위해 12학점씩 PD Credit(Professional Development Credit)을 받아야 한다. 로스앤젤레스의 통합교육국(LAUSD)의 경우, 교사가 받은 대학원 학점뿐만 아니라 연수받은 학점은 14학점마다 월급이 상향조정 되는 인센티브가 있다.

미국교사의 임용은 지역구의 권한이며 교사임용제도는 주마다 지역학교구마다 상이하다. 일반적으로 각 주의 교육법에 따라 교사자격증을 소지한 사람들 가운데 학교별로 채용공고를 내고 교장을 포함한 위원회의 면접 등을 통해 임용한다.

미국 교사의 급여는 로스앤젤레스의 경우, 초봉이 6만 불 정도에서 시작하며 대학교 졸업 후 수강한 UNIT에 따라 그리고 교사 경력에 따라 다르게 책정된다. 즉 교사 급여는 개인에 따라 경력과 학점(UNIT) 수강에 따라 다르다. 예를 들면, 10년 정도 경력이 있으며 96학점(96 UNIT)을 이수한 경우 연봉 10만 불 정도이다. 로스앤젤레스는 미국에서 뉴욕 다음으로 큰 도시로 캘리포니아 전체 학생수의 1/3을 차지하고 있으며, 교사의 급여가 다른 지역에 비해 높은 편이다. 그러나 물가가 높아서 상대적으로 높다고 말하기는 어렵다. 미국 전체에서 교사 봉급이 가장 높은 곳은 알래스카로 초봉이 연봉 10만 불 이상부터 시작한다.

초등학교, 중학교, 고등학교 교사 중에서 75% 이상이 석사 학위를 가지고 있으며 교장의 경우에는 상당수가 박사 학위가 있다. 그 이유는 교장이 되기 위해서는 교육행정 자격증이 있어야 하며 이를 취득하기 위해 공부하면서 박사학위를 결합하는 경우가 많기 때문이다. 예를 들면, 교육행정 자격증과 교육행정 박사 과정(course work)이 상호 겹치는 부분이 많기 때문이다. 캘리포니아에서는 교장 자격증은 유초중고를 모두 포함한다. 초, 중, 고등학교가 교장 회의를 함께하며 학교 급별 교장의 이동도 가능하다. 예를 들면, 초등에서 교사 및 코디네이터로 근무하다가 중학교 교장으로 이동한 후 고등학교 교장으로 가는 경우도 있다. 또한 초등학교에서 교사 및 코디네이터를 지내고 로스앤젤레스 고등학교에서 교장으로 근무한 이후 교육국으로 이동하는 경우도 있다. 이에 비해 한국은 초등과 중등이 엄격히 분리되어 있는 것 같다. 그러나 학교 행정의 경우에는 초등학교나 중등학교가 대동소이하다고 본다. 예를 들면, 학부모 소통, 학생들에 대한 동기 부여, 교사들에 대한 지원 등의 리더쉽 기술이 유사하기 때문이다.

교사의 전근은 2가지 유형이 있다. 먼저, 이사를 가서 다른 지역의 학교로 옮겨가야 하는 것과 같이 교사의 자발적인 경우이다. 다음은 교장이 원하는 경우인데, 이 경우 교장이 해당 교사가 그 학교에 맞지 않는다고 판단되면 다른 학교로 전근하도록 조치를 취할 수 있다.

노조의 경우, 캘리포니아는 교사와 직원 노조가 존재한다. 주로 부자 동네의 경우 학부모의 입김이 아주 세고 어떤 지역은 교사 노조의 입김이 센 지역도 있다. 학부모의 요구와 교사노조의 압력에 의해 교장이 자진해서 다른 지역으로 이동하는 경우도 있고 교육국에서 교장을 다른 지역으로 이동 시키는 사례도 있다.

04

교사와
학부모와의 소통:
학부모 민원 및 갈등 처리

질문)

미국 교육에서 학교와 가정 간의 협력과 부모 참여는 어떻게 이루어지나요? 학부모들이 학생들의 학업에 어떻게 참여하고 지원할 수 있는지 궁금합니다.

답변)

학부모의 학교 봉사 시간을 적극적으로 장려한다. 학교운영위원회(School Site Council or Local School Governance)는 학교의 모든 결정을 하는 기구이며 교장, 교사 대표(교사 선거), 학부모 대표(학부모 선거), 직원 대표로 구성되고 지역사회(공동체) 대표를 포함하는 경우도 있다.

캘리포니아 공립학교의 경우, 학부모들은 교사, 교장의 허락을 받아야만 수업을 참관 할 수 있는 권리가 있다. 학교에 대한 학부모 역할, 관계,

상호 소통의 기회는 다음과 같다.

(1) 학부모 회의(parent conferences)

1년에 3번 정도 반드시 필수적으로 진행한다. 예를 들면, 봄이나 가을, 오전에는 수업을 하고(미니멈 데이로 단축수업) 학생들은 학교 현장에서 진행하는 방과후학교 프로그램(after school program)에 가고, 오후에 20-30분씩 학부모들과 면담이 이루어진다. 면담시 통상적으로 교사는 학부모에게 학생의 장점을 많이 이야기하고 성장해야 할 점은 1-2개 정도만 이야기한다. 어떤 학교는 교육국이 지정하여 학생이 오지 않는 일종의 휴업일(Pupil-Free days)에 진행하기도 한다.

어떤 교사는 이 때 학생 주최 컨퍼런스(student-authored conference)를 실행한다. 학생들이 그동안 무엇을 했는지 학생들이 직접 부모에게 자신이 수행한 것에 대해 설명하는 기회이다. 각기 학생들의 개별 학부모에게 자신의 배움 경험을 설명한다. 부모가 해당 학교 행사에 가야 할 경우 사업장의 고용주는 근로자가 반드시 자녀의 학교에 갈 수 있게 허락하도록 법으로 규정하고 있다.

(2) 학부모 교육(parent institute)

공립학교는 필수는 아니지만 강력하게 권장되며 사립학교는 학교 입장에 따라 진행되는 일종의 학부모 교육이다. 예를 들면, 학부모를 위한 교육 강좌로 한국어, 스페인어, 영어 등이 개설되어 진행된다. 보통 영어로 진행되며 단, 학부모가 한국어와 스페인어가 더 편할 경우 해당 언어를 제공하도록 최선의 노력을 한다.

(3) (신학년도 시작한 후) 학교 프로그램 학생 행동 규칙 설명회

Back to School (day or evening)은 보통 2시간 정도 진행되며 학부모 누구나 참여하도록 적극적으로 권장한다. 신학년인 1학기 가을, 주로 저녁 시간에 진행되며 학교의 교육과정이 어떠한 방식으로 진행되고 학생들이 어떻게 공부하는지, 배울 교과서가 무엇인지, 학교 규칙이나 숙제 방침(homework police) 등에 대해 설명한다. 초등학교의 경우 한국의 담임교사와 유사한 자녀의 Classroom Teacher에게, 중고등은 각 교과목 선생님께 설명을 듣는다.

(4) 오픈 하우스(open house)

주로 2학기인 봄에 진행하며 대부분 저녁에 진행되고 때로 오후에 일찍 시작하는 경우도 있다. 학교에서 이제까지 이루어진 교육 활동에 대한 전반적인 것을 설명한다. 학부모들은 자녀가 어떻게 공부해 왔는지, 학생들이 공부한 작품 샘플(student work sample)이나 학생들의 수업 활동지 등과 같이 학생 활동에 대한 제반을 확인할 수 있다.

학부모와 교사 면담의 경우 학부모가 언제든지 교사에게 개인적인 연락은 가능하지 않다. 학부모는 오직 학교 근무 시간에만 교사에게 연락이나 접촉이 가능하며, 연락은 공적인 일반 학교 사무실 전화로만 가능하다. 학부모에게 교사 개인의 전화번호는 대체로 주지 않는다. 부모가 교사의 개인 연락처 정보에 접근할 수 없으며, 학부모는 학교 운영 시간에만 교사에게 공식적인 루트로 전화할 수 있다. 다만, 교사가 자발적으로 개인 핸드폰 번호를 줄 경우도 있다.

학부모가 교사를 면담하고자 한다면 일련의 절차를 따라야 한다. 학부

모는 학교 사무실에 있는 교사의 메일 박스(교사당 개인 우편함)에 메모를 남기거나 교육국에서 준 교사의 학교 이메일 또는 학교 전화로 메시지를 남겨야 하며, 이 때 면담 목적이 무엇인가에 대해 먼저 알려야 한다. 학부모가 문제나 불만 제기시 교사는 교장에게 이러한 사실을 미리 알린다. 학부모가 우선 교사와 만난 이후 교장이 그 문제에 대해 학부모, 교사와 같이 상담을 하며 도와준다.

미국에서는 교장이 교사를 보호하고, 교사가 학부모와 만나는 게 힘들면 반드시 교장의 참석을 요구할 수 있다. 흔치는 않지만, 교장도 학부모에게 위협을 느끼게 되면 경찰관이 학교에 와서 같이 회의를 할 수 있다. 최후수단으로 교장은 학부모에게 접근방지를 시킬 수 있다.

또한 UTLA(United Teachers of Los Angeles)는 강력한 교사 노조 연합이며 교사를 보호한다.

교장의 역할과 관련해 원칙적으로 교장은 교육 리더이다. 교장은 교사의 효과적인 교수법과 학생들의 적극적인 학습을 촉진해야 한다. 교장은 수업을 관찰함으로써 교사를 평가하고, 교사가 지속적이고 전문적으로 성장하도록 지원한다. 그렇기 때문에 교장은 계속해서 교육과정과 교수법에 대해 연구하며 훈련받아야 한다.

05

문제 행동 학생에 대한 대처

질문)

미국 교실 수업에서 수업을 방해하는 학생들에 대한 대처 방법은 무엇인가요? 미국에서 학생 간 갈등을 관리하고 학교 내 평화로운 학습 환경을 조성하기 위해 어떤 노력과 프로그램들이 시행되고 있나요? 미국 교육 체계에서 학생 행동 문제나 학급 내 갈등 관리를 위해 교사들에게 제공되는 교육이나 훈련은 어떤 형태로 이루어지나요?

답변)

학생들은 학교에서 요구되는 행동 규칙을 준수해야 한다. 캘리포니아의 공립학교는 학생 행동 규칙을 가지고 있으며 이는 뉴욕도 유사하다. 학생들은 학교가 ① CA EDUCATION Code[3], ② 교육국 CODE,

---

3 https://leginfo.legislature.ca.gov/faces/codes_displayexpandedbranch.xhtml?tocCode=EDC&divis

③ 학부모와 학생 핸드북에 의거하여 학교 마다 매우 상세하게 기재된 '학생들의 행동 규칙(students behavior code or student discipline policy)' 을 필수적으로 준수해야 한다. 학교장은 이를 신학년도에 해마다 모든 학부모에게 종이 서류와 온라인으로 보내면 학부모는 이를 확인했을 뿐만 아니라 이에 대하여 자녀와 토론했음을 확인하는 서명을 하여 제출해야 한다.

학생 문제 발생시 단계적으로 대처하고 있다. 간 단계에서 문제가 해결되지 않을 경우 다음 단계로 진행되는데, 문제 이관 절차는 교사 → 교장 → 교육국 순이다.

구체적으로는 문제 행동 학생의 경우 다음과 같은 조치를 취하는 것이 가능하다.

첫째, 문제 행동 발생 교실로부터 해당 학생을 분리할 수 있다. 예를 들면, A교사의 문제 학생을 B교사의 교실로 임시적으로 보낼 수 있다. 해당 학생들을 해당 반에서 분리 시켜 다른 반으로 이동 조치가 가능하기에 해당 학생을 다른 학생들과 분리시킬 수 있는 학교의 특정 장소에 보낼 수 있다. 단, 반드시 해당 학생을 감독할 어른이 있는 교실로 분리한다.

둘째, 문제 행동 학생 발견 시 교사는 코디네이터, 교감, 교장에게 해당 학생을 보낼 수 있다.

셋째, 문제 행동의 경중에 따라 3일 이하까지 정학을 시킬 수 있다. 만약 학생의 문제 행동이 지속된다면, 그러한 문제 행동을 하는 학생들만

---

ion=&title=1,&part=&chapter=&article=&nodetreepath=1

표 5. 학생 문제 발생시 단계적 대처

단계	조치
STEP 1	교사는 학생에게 구두로 주의시킴
	↓
STEP 2	교사가 학부모를 소환 교사와 학부모 면담
	↓ (그래도 문제가 해결되지 않았다고 교사 또는 학부모가 문제를 제기할 경우)
STEP 3	교장이 개입
	↓
STEP 4	1) 교장과 학부모 면담 2) 교장과 교사와의 면담 3) 교사, 학부모, 교장 면담
	↓
STEP 5	1) 교장이 교육국의 administrator of operations 에 advice를 받거나 2) 교장이 교육국에 있는 행동 수정 전문가(behavior specialist)를 불러서 해당 학생을 관찰하도록 요청해서, 행동 개입(behavior intervention action plan)을 받을 수 있다. 3) 교장이 갈등해소 중개자(conflict resolution mediator)의 상담을 받는다. 4) 교장이 교육국의 변호사에게 자문을 받을 수 있다.
	↓
STEP 6	School police나 city police officer를 불러서 같이 교장, 학부모, 교사 함께 회의를 할 수 있다.
	↓
STEP 7	이러한 과정에도 학생의 문제가 해결되지 않을 경우, 학생을 정학시키는 경우도 있다.

*각 각의 프로세스에서 모든 비용은 공립학교의 경우 무료이다.

소그룹으로 공부할 수 있는 학교에 보낼 수도 있다. 그럼에도 이러한 문제가 개선되지 않는 경우, 이후 퇴학 조치도 가능하다. 그러나 퇴학 결정을 취하는 것은 드문 경우이며 학부모 소환을 통해 대부분 문제가 해결된다.

넷째, 교육국에는 일종의 상담가인 '행동 수정가(behavior specialist)'가 파견될 수 있다. 행동 수정가가 1-2주일 정도 해당 학생의 행동만 학교(교실, 운동장 등)에 와서 관찰 후, 교장과 교사, 학부모에게 어떤 문제가 있는지 파악한 이후 실행 계획(Action Plan)을 제공한다. 또한 교장은 문제 발생시 교육국의 전문가를 요청하여 학생들을 지도하게 할 수 있다. 예를 들면, 사이버 블링 발생시 교장은 교육국에서 사이버 블링 전문가를 불러 학생들을 지도하도록 조치한다. 교육국 외에 공동체(community)에도 자원(resources)이 있는데 예를 들면, 아시아인 상담센터 또는 유대인 상담센터 등에 연락하여 그들의 임상심리학자가 해당 학생과 학부모 상담을 진행한다. 비용은 선별적으로 학부모의 수입에 따라 무료 또는 유료 상담으로 진행된다.

교사가 되기 위한 교육과정에서 어려운 학부모 다루기를 포함해 동료, 교장, 학부모, 학생 간의 갈등 다루기 등에 대한 실무를 배운다. 미국 교육 체계에서 학생 행동 문제나 학급 내 갈등 관리를 위해 교사들에게 제공되는 교육이나 훈련의 대표적인 것으로는 교사 연수를 들 수 있다. 교사 연수의 내용으로는 학급 운영, 갈등 위기 관리, 상담 등이 있다. 그리고 각 학교에서 교사를 채용할 경우에도 인터뷰 질문에 이러한 내용이 포함되는 경우가 많다.

06

한국교육과
미국교육의 차이점

질문)

한국교육과 미국교육 현장의 가장 큰 차이는 무엇이라고 보시나요? 미국의 교장의 역할에 대해서 설명해 주실 수 있나요? 교장은 학교 내에서 어떤 주요 책임과 역할을 가지고 계신가요?

답변)

미국 교육의 장점은 부모 배경이나 경제적으로 어려운 어느 학생이라도 공립은 무료이고 사립도 학비 지원을 받아 공부할 수 있다는 것이다. 사립학교의 경우 가난한 학생들에게는 장학금을 준다.

미국과 비교하여 한국교육 현장의 가장 특이한 점은 교사의 공문처리와 교장의 수업관찰이다.

첫째, 공문처리 주체이다. 한국의 2024년 현재 교육 현장에서 교사가 공문 처리 및 학생과 학부모 상담을 거의 전담하는 상황을 고려할 때, 수업 준비나 계속 배우고 연구하는 교사의 시간 확보가 절대 불가능하다고 본다. 이것이 미국 교사와 한국 교사의 가장 큰 차이점이라고 생각한다.

미국에서 모든 공문 처리는 교장, 교감, 코디네이터의 임무이기에 이들이 모든 공문 처리를 담당한다. 그러나 교사의 의견이 반드시 필요한 공문일 경우에는 교사의 의견을 반영시키기 위해서 교사, 학년 부장교사, 각 교과 부장교사에게 의견을 구한다. 그 이후 공문 작성은 교장, 교감, 코디네이터가 하여 교육국에 제출한다. 다시 말해 공문은 주정부 및 교육부가 요청하는 공식적 서류들이다. 교사는 교사의 투여가 반드시 필요한 것에만 참여한다. 교사는 공문 수발 및 처리 업무를 담당하지 않는다. 공문은 교사가 담당하는 것이 아니다.

둘째, 교장의 학교 수업 관찰이다. 교장의 역할 중 하나는 교사의 수업 관찰로 교장은 교사의 수업력 향상에 깊은 관심을 기울이고 지원한다. 그런데 현재 한국에서 교장의 교사 수업 관찰이 제한적인 것으로 알고 있다. 미국에서 교장의 수업 관찰은 일반적이며 당연한 행위이고 교사 평가에 주요 기준이다. 현직 교장 시절 매일 모든 교실 상황을 점검했는데 수시로 교실에 들어가 수업을 관찰했다.

교장의 수업 관찰은 2가지 유형으로 나눌 수 있다. ①비공식적(informal) 수업 관찰은 교장이 거의 모든 교실을 매일 5분 정도씩 수업 참관하는 것이다. ②공식적(formal) 수업 관찰은 교장이 무엇에 대해 참관할지 해당 교사에게 사전관찰회의(pre-observation conference)를 통해 사전 전달하고 진행하는 수업 관찰(class observation)이다. 만약 수업이 40분 진행된다면, 10분전부터 수업이 끝난 10분후까지 전체 60분 관찰한다. 그리고 이후 대화(post-observation conference) 즉, 관찰한 해당 수업의 어떤 부분이 좋거나 부족했는지 수업 교사가 무엇을 느끼고 생각하는지 등에 대해 대화를 나눈다. 교장은 수업 관찰 이후 교사에게 추후 어떻게 수업을 변화시키고 싶은지 교사에게 질문한다. 교장의 수업 관찰이 실시된 이후 교장과 교사가 나누는 깊은 대화를 통해 수업의 발전, 수업의 부족한 점, 학생들을 어떻게 도울 것인가 등에 대한 논의가 이루어진다. 교장은 모든 학생의 특징 및 성적 자료와 같은 데이터를 가지고 있으며 모든 학생들을 파악하고 있다.

교장의 역할은 한국 교육 현장과 미국 교육 현장의 큰 차이이다. 미국의 교장은 관리자로서만이 아닌 긍정적 변화를 도모하는 리더이다. 여기서 교장의 권한과 책임에 대해 생각해 볼 필요가 있다. 한국에서는 교장을 '관리자'로 부른다. 그러나 그 명칭은 적절하지 않다. 관리자는 단지 관리하는 사람을 의미한다. 이것은 학교 교장의 역할로 적합하지 않다. 반면 미국에서 교장은 학교에 있는 행정가이며, 학교교육의 리더이다. 즉 교장은 학교에서 교사가 더 잘 가르치고, 학생이 더 잘 배우도록 하는 역할을 해야 한다. 이 때문에 다음과 같은 미국 교장의 역할에 주목할 필요가 있다.

첫째, 수업지도자로서 교장이다. 이 역할이 가장 중요하다.

교사가 더 잘 가르치도록 지원하는 것 다시 말해, 교사 지원, 교육 지원이 교장의 핵심적 역할이다. 교사가 필요할 때 다른 교사들과 연계하도록 교장은 돕는 것이다. 한편, 교사는 가장 잘 가르치는 것을 배워야 한다. 교장은 교사가 리더, 리서처, 러너가 되도록 지원해야 한다. 한국과 다른 점 중 하나는 교장은 1년에 최소 2-3번(수업 관찰: 각 40~60분씩 관찰하는 공식 수업 관찰(formal observation) 진행)은 교사의 수업을 참관하고 칭찬할 점 1개, 성장할 점 1개를 이야기해 준다.

교사 지원에 있어 교장은 문제 학생에 대한 행동 상담 지원, 학부모 상담 지원을 하며 교사 역량 개발을 위해 교사 연수를 지원한다. 이 때 교장은 학교 예산 가운데 자신이 운용 가능한 재량 예산으로 교사들이 연수를 받을 수 있도록 비용을 원조할 수 있다. 단, 교장 재량 예산 운용은 학교마다 상이하다.

학생지원의 경우, 교장은 학생 상담을 하며, 전문가가 필요할 경우 해당 학생을 학교심리학자(school psychologist)에 이관한다. 학교 규모와 예산에 따라 학교심리학자가 상주하기도 하며, 다른 학교와 학교심리학자를 공유하는 학교도 있다. 필요할 경우 학생을 학교에서 지원 받을 수 있는 상담서비스(counselling service)로 연계한다. 학교심리학자와 상담사(카운슬러)는 서로 다른 자격증을 요구한다. 학교심리학자는 영재학생(예: IQ 테스트와 같은)에 대한 평가를 할 수 있거나 특수 교육 학생을 위한 테스트를 진행할 수 있지만, 상담사는 그렇지 않다. 상담사는 학생들의 정서적 및 사회적 필요에 대해 상담만 하며 어떠한 테스트도 하지 않는다.

학부모 지원의 경우, 교사는 해당 학급에 대한 일반적인 것들과 관련해 학부모 상담을 담당하며, 교장은 학교교육 전반에 대한 학부모 상담을 주로 담당한다. 학교교육 전반에 대한 학부모 대상 교육은 매달 교장 또는 외부 강사에 의해 진행된다.

둘째, 학생과 교직원의 안전을 책임지는 교장(operations administrator) 이다. 주된 업무 역할은 커뮤니케이터(communicator), 교직원 채용, 학교 예산, 대외 협력 구축이다. 예를 들면, 지진 대비, 학생과 교사가 안전하게 배우고 가르칠 수 있는 환경 구축, 학부모 불만 사항 처리, 학생과 교사의 안전 담당, 학교 건물 관리, 다른 곳에 해당 학교를 잘 알리는 것 등의 일을 한다. 홍보대사로서 교장은 대외 협력도 잘 수행할 필요가 있다. 아울러 교장은 교직원 채용도 책임지기에 교사 및 모든 직원 채용에 있어 마지막 결정권을 갖고 있다. 즉 교장은 교장, 학부모, 교사로 구성된 학교의 채용 공동체와 협력하여 교사와 직원을 교육국에서 보낸 고용 자격 리스트에 따라 채용할 수 있다. 공립학교의 경우, 교장은 정부법에 따라서 고용시 학교 교사의 최소 35%를 소수 민족으로 반드시 채용해야 한다. 교장이 교직원을 고용하게 되면 고용 이후 교육국에 보고만 하면 된다.

커뮤니케이터(Communicator)의 경우, 교장은 학부모, 학생, 교직원, 교육국, 시의원, 해당 지역의 교육위원 외 다른 지역 공동체 등과 의사소통 역할을 해야 한다. 교장은 학교 행사 홍보뿐만 아니라 만일의 경우 학교에 대한 근거 없는 소문이 발생하지 않도록 적극적으로 소통을 위해 노력한다.

한편 교장의 하루 일과는 수업이 아침 8시에 시작할 경우, 아침 6시나 7시 경 출근하여 학생 등교시 학교 정문에서 학생들과 인사를 하고 출근하는 교사와도 인사를 한다. 방과후 프로그램이 오후 6시까지 있는 경우 모두 교장의 책임 하에 진행되기에 일반적으로 오후 6시 경까지 학교에 근무하고 그 이후 퇴근한다. 교장은 학교를 지켜야 하기에 출장도 거의 가지 않고 되도록 학교를 이탈하지 않는다. 그것은 모든 학생, 모든 교직원이 교장의 책임 하에 있고 교장의 책임과 역할이 막중하기 때문이다.

한국과 미국 교장의 또 다른 차이점은 한국의 교장이 일반적으로 4년
마다 교체되는 데 비해 미국은 그렇지 않다는 점이다. 한국의 국공립학교
의 경우 미국과 비교해 교장 및 교사가 자주 바뀐다고 생각한다. 미국은
한 학교에서 23년 간 그 이상 교장도 가능하다. 물론 3-4년 이내 다른 학
교로 가는 경우도 있다. 상황에 따라 평생도 가능하며 1년만 할 수도 있다.

　교장의 권한 면에서 미국은 교장이 교사 임용권이 있고, 예산 가운데
소액을 교장 재량으로 사용할 수 있다. 예를 들어 한 교사가 소크라테스
토론법에 대해 연수를 받고 싶어 한다면 교육국에서 지원하는 것이 없을
시 교장의 재량으로 학교 예산을 사용하여 연수를 보낼 수 있다.

07

미국의 교육 현장:
워키토키가 인상적이었던
미국 학교의 교장선생님들

미국 학교의 일상 속에서 목격한 것은 단순한 학습의 장을 넘어, 학교 전체가 하나의 커다란 가족처럼 운영되는 모습이었다. 특히 눈에 띄었던 것은 각 학교의 교장선생님들이었다. 학교 구석구석을 누비며 학생들과 직접 소통하는 그들의 모습은 한국과는 다른 교육 문화의 탁월한 예를 보여주었다. 엘에이 페어팩스고등학교(Fairfax High School)를 방문했을 당시 교장선생님은 워키토키를 한 손에 쥔 채 학교 곳곳을 다니시며 학생들과 소통하고 계셨다. 다른 학교에서도 교장선생님들은 등교 시간부터 학생들의 생활을 관리하고 계셨다.

교장선생님들은 매일 아침 등교하는 학생들을 살피며 인사를 건네었다. 뿐만 아니라 쉬는 시간이면 복도는 물론 교실을 돌아다니며 학생들의 안전을 확인하고 그들의 소소한 이야기에 귀 기울이는 모습에서 교장선생님의 역할이 단순한 관리자를 넘어 멘토이자 친구가 될 수 있음을 볼 수 있었다.

이러한 교장선생님들의 적극적인 학교생활 참여는 학생들에게 신뢰감과 소속감을 심어주는 동시에 학교 커뮤니티 전체에 긍정적인 에너지를 퍼뜨리는 역할을 하고 있다. 교실 안과 밖에서 학생들과 교사들 사이의 다리 역할을 하는 교장선생님들의 노력은 학교가 단순히 지식을 전달하는 곳이 아닌 삶의 가치와 덕목을 함께 배우고 나누는 공동체로 성장하게 만드는 원동력이 된다.

이 글에서는 미국 학교를 방문하며 경험한 생동감 넘치는 교육 현장과 교장선생님, 그리고 선생님과 학생들의 모습이 준 인상을 나누고자 한다.

첫째, 학교들을 방문하면서 확실하게 느낀 것은 모든 학교 교사들이 교장이나 외부인의 수업 관찰에 대해 무척 호의적이었다는 점이다. 초등학교, 중학교, 고등학교 등 어느 학교급을 방문하더라도 선생님들은 하나같이 '내 수업에 당신이 관찰하러 와서 기쁘다, 환영한다'는 반응을 보였는데, 이는 한국의 문화와는 매우 다른 부분이라고 생각했다. 심지어 학생 활동 중이던 한 고등학생은 자연스럽게 내게 다가와 활동 과제를 함께 하자고 권하기도 했다. 그 학생에게 수업 시간 교실을 방문한 나는 더 이상 외부인이 아닌 수업의 동료요 친구였고, 나 또한 동일한 감정을 느꼈다.

한편으로는 이러한 교사들의 모습을 보면서, 모든 교사들이 수업 시간에 아이들과 하는 수업 공개에 거리낌이 없을 뿐만 아니라 자신의 수업에 대한 자신감을 갖고 있다는 것을 느낄 수 있었다. 이 선생님들은 진정한 교육 전문가였다!

둘째, 교장선생님들과 선생님들의 모습에서 합리적인 권위를 엿볼 수 있었다. 진정한 권위는 어디서 나오는가? 그것은 바로 책임감에서 비롯된다고 할 수 있다. 교사 한 사람 한 사람이 자신의 역할에 대한 깊은 책임감을 가지고 있음을 느낄 수 있었다. 이러한 책임감은 수업의 질을 높이고 학생들에게 더 나은 학습 경험을 제공한다. 또한 미국의 학교 문화가 한국과 다른 특징으로, 교육자 스스로 자신의 직업에 대해 가지는 자부심과 이것이 학교 커뮤니티 내에서 신뢰를 구축하는 기반으로 작용한다는 점이다. 학생들도 이러한 환경 속에서 자신감을 키우며 각자가 속한 커뮤니티 내에서 적극적으로 자신의 목소리를 낼 수 있는 능력을 개발하게 된다.

특히 교장의 역할에서 미국 학교와 한국 학교의 차이가 있다. 미국에서 교장의 역할은 교사를 수호하고 학생들을 제대로 교육하는 것이다. 이를 잘 보여주듯 미국의 교장들은 워키토키를 가지고 다니며 수업도 수시로 들어간다. 교장은 학생들의 수업권 보호를 위해 수업을 지키고, 학부모들이나 학생에 의한 위해로부터 교사를 보호한다. 그렇다면 교장은 누가 견제하는가? 3가 초등학교(Third Street Elementary School)의 사례를 보면 잘 알 수 있다. 교사, 학부모, 직원에 의해 교장도 물러나야 할 수 있다.

책임감과 사명을 가지고 현실 속에서의 과제를 수행하는 사람들을 현장의 교육 전문가라 할 수 있으며, 자기 영역에서 그들이 가장 많이 상황을 파악하고 있을 가능성이 크다. 이 때문에 미국에서는 학교마다 차이는 있으나 전반적으로 학교교육에 대한 신뢰도가 비교적 높은 편이라는 생각이 들었다

셋째, 방문했던 미국의 학교들은 각각 독특한 교육 문화를 지니고 있었다. 이는 교실 곳곳에서 발견할 수 있는 창의적이고 학생 중심적인 교육

방법에서 뚜렷이 드러났다. 교사와 학생 간의 상호작용은 자유롭고 활발했으며, 학생들의 적극적인 참여를 유도하는 다양한 시각 자료와 학습 도구들이 교실 안팎에 효과적으로 배치되어 있었다. 이러한 환경은 학생들의 호기심을 자극하고 자기 주도적 학습을 촉진하는 데 기여하고 있었다.

넷째, 교실 게시물들은 학생들의 인지적 차원뿐만 아니라 정서적 차원을 염두에 둔 자료들도 배치되어 있었는데 이는 초등학교, 중학교, 고등학교 학교 급의 모든 교실에서 발견할 수 있었다. 예를 들면, 감정을 인식하고 표현할 수 있게 돕는 'The Mood Meter'와 같은 자료는 학생들의 정서적 인식을 높이는 동시에 감정 조절 능력을 함양하도록 설계되었다. 학생들은 각자의 감정 상태를 인식하고 이에 적절히 대응하는 방법을 배우며 충돌 해결 옵션을 통해 갈등 상황을 건강하게 해결하는 방법을 터득해갔다. 이는 학생들이 자기 자신을 더 잘 이해하고 타인과의 관계에서 더욱 효과적으로 소통할 수 있도록 준비시키는 과정이다. 이러한 학습 방식은 학생들에게 단순히 지식을 전달하는 것을 넘어서 삶의 다양한 상황 속에서 협력하고 문제를 해결하며 리더십을 발휘하는 법을 가르친다.

다섯째, 선생님들은 학생들 지도에 전념할 수 있도록 학교 차원에서 지원을 받고 있음을 확인할 수 있었다. 학교들을 방문 하는 내내 단 한명의 선생님도 공문을 작성하느라 학생들을 방치하는 경우는 찾아 볼 수 없었다. 선생님들은 학생과 함께 있거나 수업이 없는 시간엔 온전히 수업 준비와 학생 지도에 매진한다고 했다. 선생님들이 학교나 교육청의 제도적 지원 없이 교사들만의 힘으로 과도한 민원을 처리하느라 학생의 학습권이 침해되는 경우는 없어 보였다. 그런데 우리의 교단은 어떠한가?

여섯째, 학생 지도나 학부모 민원에 있어 학교와 교장의 지원이 늘 존재함을 알 수 있었다. 서류 작업의 경우 대부분 교장, 교감, 코디네이터의 업무이며 교사가 반드시 필요할 경우에만 업무에 투여된다. 우리나라의 경우 일련의 가슴 아픈 사건들로 여건이 다소 개선되긴 하였으나 제반 행정 업무 및 학부모 민원 처리에서 교사의 부담을 대폭 경감하는 제도 및 관련 법령의 개정은 여전히 필요하다. 이는 문제 행동 학생의 지도에 대한 교사 지원 부분도 마찬가지이다.

소박한 교장실이 잘 보여주듯 화려하진 않지만 교사의 열정과 학생들의 실질적인 배움을 여실히 느낄 수 있는 학교 현장이었다. 미국의 학교 교육 현장은 교육의 본질이 단순히 정보의 전달이 아니라 인간으로서의 성장과 발달을 지원하는 데 있음을 다시금 깨닫게 해주었다. 학생 개개인의 필요와 잠재력을 중시하는 교육 접근 방식은 학생들이 자기 주도적으로 학습하고 창의적으로 사고하며 사회적으로 상호작용하는 데 중요한 기반을 마련한다. 우리나라 교육도 보다 실질적이고 효율적으로 학생 중심, 창의성 중심의 교육 체제로의 전환을 모색해야 할 시점이다. 특히 교장과 교사의 역할과 권한에 대한 재정립과 교장, 교감 등 학교 관계자의 교사 지원 시스템 구축도 시급하다.

한국 교육의 미래를 위한 작은 도전

"취사선택(取捨選擇)과 경중완급(輕重緩急),

우리는 무엇을 버리고 무엇을 선택해야 하며,

교육에서 어디에 우선순위를 두어야 할까?"

교육의 풍경은 수시로 변화하지만 그 근본적인 목표는 시대가 변하더라도 변하지 않는다. 그것은 바로 인간의 완전한 발달을 도모하고 사회에 긍정적인 변화를 가져오는 것이다. 대한민국의 교육위기는 단순히 학교나 교사의 문제가 아닌 우리 사회 전반의 문제이다. 또한 AI 다지털 교육의 강력한 시류와 필요에서도 잠시 멈춰 학생 교육을 다시 고민해야 한다. 지금이야말로 교육의 본질에 대해 심도 있는 논의를 통해 기초를 재정립하고 새로운 방향을 설정할 때이다. 작금의 현실이야 말로 교육의 본질을 긴급히 주의 깊게 논의해야 할 때이다.

교육이 직면한 현재의 문제들을 극복하고 교육의 본질을 회복하기 위해서는 '교사의 역할'이 무엇보다 중요하다. 교사 행복과 교육적 효과는 밀접히 관련됨에도 선행연구들은 주로 아동행복에만 초점이 있고, 교사 행복에 대한 연구는 찾아보기 어렵다. 교사의 행복과 교육 정상화를 위해 교권과 교사의 행복을 면밀히 검토할 필요가 있다. 이를 위해서는 '인간으로서의 교사'에 주목하고 교육자로서 배움자로서 촉진자로서 등의 교사의 역할을 온전히 감당해 낼 수 있도록 하는 제도적, 정책적 뒷받침이 절실한 시점이다. 거듭 강조하지만 교사가 진정으로 행복해야만, 교실이 행복해지고 그 결과 아이들이 행복해지며 결국 사회가 행복해질 수 있다.

교육은 단지 교육 내용의 전수만이 아니라, '인간이 인간다운 삶을 살도록 이끄는 과정'이다. 교육을 통해 우리는 협력하고, 연대하며, 더 나은 세상을 구축하는 법을 배운다. 교육은 기간산업으로서의 역할을 수행하며 우리 사회의 지속 가능한 발전을 위한 해결책을 제공해야 한다. 이를 위해서는 공교육의 정상화와 교사의 소신 있는 교육 활동이 보장되어야 한다. 모든 정치적 이익집단이 집단이기주의를 버리고, 교육 개선을 위한 진정한 노력에 동참하며 한 목소리를 내야 한다. 이러한 생태계에서 교사들은 교육 활동에 필요한 지원과 지지를 받으며, 진정한 의미의 교육자, 배움자, 촉진자로서의 역할을 수행할 수 있을 것이다.

우리는 어디로 가야 하는가? 열쇠는 교사의 손에 들려있다. 교사의 교육활동에 대한 사회 전반, 교육 정책 그리고 학부모의 적극적 지원과 지지가 절실하다. 교사의 교육권을 보장하는 일은 더 나은 사회를 위한 최소한의 노력이다. 현재 대한민국의 부와 발전은 직업적 사명을 지닌 교사들이 있었기에 가능했음을 결코 간과해서는 안 될 것이다. 우리는 혐오와 악덕 민원으로부터 교사를 보호할 수 있어야 하고 보호해야만 한다. 선생님들의 처우가 개선되지 않으면 우리 아이들이 정상적인 수업을 받을 수 없다.

학교 현장은 단지 탁아소와 같이 아이들을 맡아 돌봐주는 돌봄의 장소라기보다 정상적인 참된 교육을 일궈내는 교육의 장이되어야 한다. 굳이 학원을 다니지 않아도 선생님께 제대로 배울 수 있는 학교가 되어야 한다.

우리는 질 좋은 교육이 사교육을 통해서만 가능하거나 좋은 지역에 살아야만 받을 수 있는 나라가 되기를 원하는가? 우리는 가난과 부의 대물림이 고착화된 나라를 만들고자 하는가? 이러한 질문에 자문할 필요가 있다. 우리나라 교육, 특히 공교육이 정상화되고 최상의 교육 현장이 되기 위해 실제 일선에서 아이들을 대면하고 가르치는 교사들의 교육 활동이 훼손되지 않도록 하는 것이 필요하다. 이는 우리 모두가 신경 써야 할 가장 중요한 부분이다. 대한민국의 국력은 국민으로부터 나온다.

그렇기에 교육은 단순히 서비스가 아니며, 그래서도 안 된다. 교육은 가치 있는 행위이며, 인간이 마땅히 걸어가야 할 길을 가르치는 것이다. 때로는 아이들이 이기적인 본성과 경향을 극복하도록 격려하고 이끄는 것이 교육의 역할이다. 우리 모두가 더불어 잘 살 수 있도록, 나와 너 그리고 우리가 모두 품위 있고 품격 있게 살아갈 수 있도록 하는 것이 바로 '교육'에 있기 때문이다.

우리는 교육의 본질을 되찾고 교사들이 행복할 수 있는 환경을 조성함으로써 대한민국의 아이들이 더 나은 미래를 향해 나아갈 수 있도록 해야 한다. 단순한 교육 정책의 변화를 넘어서는 문화적 전환과 사회적 합의가 필요한 시점이다. 이러한 노력이 결실을 맺어 우리나라의 교육이 진정한 가치를 발현할 수 있도록, 우리 모두가 책임감을 가지고 나아가야 한다. 대한민국의 교육 위기는 우리의 교단을 바로 세우고 교육의 본질을 되찾아, 교사들이 교육 역량을 최대한 발휘하도록 하는 것에서 해결의 실마리를 찾아야 한다. 이를 통해 우리의 아이들이 행복한 삶을 살 수 있도록 사회적 인식의 변화와 정책 및 제도의 변혁이 그 어느 때보다 시급하다. 지금 우리가 시정하지 않는다면 대한민국의 발전적 장래를 기대하기 어려울 것이다.

서초동 연구실에서

박형빈

▶ 참고문헌

박형빈(2018). 통일교육의 사회통합 역할 모색을 위한 민족정체성과 세계시민성 담론: Durkheim 의 도덕론을 중심으로: Durkheim 의 도덕론을 중심으로. 도덕윤리과교육, (60), 133-155.

박형빈(2021). 아동 뇌 발달과 AI 윤리에 기초한 AI 리터러시교육-초등 도덕과 교육 적용을 중심으로. 초등도덕교육, 75, 29-76.

박형빈(2023), 도덕지능수업, 한언

Ahmad, S., Ch, A. H., Batool, A., Sittar, K., & Malik, M.(2016). Play and Cognitive Development: Formal Operational Perspective of Piaget's Theory. *Journal of Education and Practice*, 7(28), 72-79.

Ahmed, S. P., Bittencourt-Hewitt, A., & Sebastian, C. L.(2015), "Neurocognitive bases of emotion regulation development in adolescence", *Developmental cognitive neuroscience*, 15, 11-25.

Ahmed, I., Hamzah, A. B., & Abdullah, M. N. L. Y. B.(2020). Effect of Social and Emotional Learning Approach on Students' Social-Emotional Competence. *International Journal of Instruction*, 13(4), 663-676.

Ateş, A., & Ünal, A.(2021). The relationship between teacher academic optimism and student academic achievement: A meta-analysis.

Barrasso-Catanzaro, C. & Eslinger, P. J.(2016), "Neurobiological bases of executive function and social-emotional development: Typical and atypical brain changes", *Family Relations*, 65(1), 108-119.

Blakemore, S. J.(2010), "The developing social brain: implications for education", Neuron, 65(6), 744-747.

Butler, E. R., Chen, A., Ramadan, R., Le, T. T., Ruparel, K., Moore, T. M., Satterthwaite, T. D., Zha ng, F., Shou, H., Gur, R. C., Nichols, T. E., & Shinohara, R. T.(2021), "Pitfalls in brain age analyses", *Human Brain Mapping*, 42(13), 4092-4101.

Casey, B. J., Heller, A. S., Gee, D. G., & Cohen, A. O.(2019), "Development of the emotional brain", *Neuroscience letters*, 693, 29-34.

DeVries, R.(1997). Piaget's social theory. *Educational researcher*, 26(2), 4-17.

Dusenbury, L., & Weissberg, R. P.(2017). Social emotional learning in elementary school: Preparation for success. *The Education Digest*, 83(1), 36–43.

Gogtay, N., Giedd, J. N., Lusk, L., Hayashi, K. M., Greenstein, D., Vaituzis, A. C., Nugent III, T. F., Herman, D. H., Clasen, L. S., Toga, A. W., Rapoport, J. L., & Thompson, P. M.(2004), "Dynamic mapping of human cortical development during childhood through early adulthood", *Proceedings of the National Academy of Sciences*, 101(21), 8174–8179.

Gottschalk, F. (2019). Impacts of technology use on children: Exploring literature on the brain, *cognition and well-being*.

John Dewey, 조용기 역(2011), 교육의 도덕적 원리, 교우사.

Kok, R., Thijssen, S., Bakermans-Kranenburg, M. J., Jaddoe, V. W., Verhulst, F. C., White, T., Van IJzendoorn, M. H., & Tiemeier, H.(2015), "Normal variation in early parental sensitivity predicts child structural brain development", *Journal of the American Academy of Child & Adolescent Psychiatry*, 54(10), 824–831.

Lawson, G. M., McKenzie, M. E., Becker, K. D., Selby, L., & Hoover, S. A.(2019). The core components of evidence-based social emotional learning programs. *Prevention Science*, 20, 457–467.

Lenroot, R. K., & Giedd, J. N.(2006), "Brain development in children and adolescents: insights from anatomical magnetic resonance imaging.", *Neuroscience & biobehavioral reviews*, 30(6), 718–729.

Marciano, L., Camerini, A. L., & Morese, R. (2021). The developing brain in the digital era: A scoping review of structural and functional correlates of screen time in adolescence. Frontiers in psychology, 12, 671817.

Montag, C., & Becker, B. (2023). Neuroimaging the effects of smartphone (over-) use on brain function and structure—a review on the current state of MRI-based findings and a roadmap for future research. Psychoradiology, 3, kkad001.

Nivins, S., Sauce, B., Liebherr, M., Judd, N., & Klingberg, T. (2024). Long-term impact of digital media on brain development in children. Scientific Reports, 14(1), 13030.

Perlman, S. B. & Pelphrey, K. A.(2010), "Regulatory brain development: balancing emotion and cognition", *Social Neuroscience*, 5(5-6), 533-542.

Rivkin, S. G., Hanushek, E. A., & Kain, J. F.(2005). Teachers, schools, and academic achievement. *econometrica*, 73(2), 417-458.

Shahzad, K., & Naureen, S.(2017). Impact of Teacher Self-Efficacy on Secondary School Students' Academic Achievement. *Journal of Education and Educational Development*, 4(1), 48-72.

Shore, R.(1997), *Rethinking the brain: New insights into early development*, New York: Families and Work Institute

Stiles, J. & Jernigan, T. L.(2010), "The basics of brain development", *Neuropsychology review*, 20(4), 327-348.

Woodard, K., & Pollak, S. D.(2020), "Is there evidence for sensitive periods in emotional development?", *Current Opinion in Behavioral Sciences*, 36, 1-6.

https://apnews.com/article/sweden-digital-education-backlash-reading-writing-1dd964c628f76361c43dbf3964f7dbf4 (검색일: 2024. 07.30)

https://persolog.com/blog/emmy-e-werner-pioneer-of-resilience-research-and-her-groundbreaking-kauai-study/(검색일: 2024.07.21.)

https://spartanshield.org/40733/news/pv-news/sweden-scales-back-on-the-uses-of-digital-tools-in-schools/(검색일: 2024. 07.10),

https://www.unesco.org/en/articles/global-education-monitoring-report-summary-2023-technology-education-tool-whose-terms-hin(검색일: 2024.07.20.)

https://m.dongascience.com/news.php?idx=66532 (검색일: 2024.07.20.)

https://www.weforum.org/agenda/2017/10/students-learn-better-from-books-than-screens-according-to-a-new-study/(검색일: 2024. 07.12)

https://www.nfer.ac.uk/publications/education-and-inspections-act-2006-the-essential-guide/(검색일: 2024. 07.12)

https://world.moleg.go.kr/web/wli/lgslInfoReadPage.do?CTS_SEQ=13623&AST_SEQ=305(검색일: 2024. 07.12)

https://assets.publishing.service.gov.uk/government/uploads/system/uploads/attachment_data/file/353921/Behaviour_and_Discipline_in_Schools_-_A_

guide_for_headteachers_and_school_staff.pdf(검색일: 2024. 07.12)
https://www.up.ac.za/media/shared/643/ZP_Files/2016/Papers/sme4_full.zp97890.
pdf(검색일: 2024. 07.10)

박형빈(朴炯玭, Hyoungbin Park) profphb@snue.ac.k

서울교육대학교 윤리교육과 교수로 재직 중이다. 미국 UCLA 교육학과 (Department of Education)에서 Visiting Scholar를 지냈다. 교육학 박사이며 서울교육대학교 교육전문대학원 에듀테크전공 및 인공지능인문융합전공 교수이다. 서울교육대학교 신경윤리융합교육연구센터 및 가치윤리AI허브센터 센터장이다. 대표적인 저서로는 『AI 윤리와 뇌신경과학 그리고 교육』, 『인공지능윤리와 도덕교육』, 『도덕지능수업』, 『도덕교육학: 그 이론과 실제』, 『뇌 신경과학과 도덕교육』(2020 세종학술도서), 『통일교육학: 그 이론과 실제』, 『학교생활 나라면 어떻게 할까?』, 『가정생활 나라면 어떻게 할까?』, 『사회생활 나라면 어떻게 할까?』 등이 있다. 역서로는 『양심: 도덕적 직관의 기원』, 『말빈 벌코위츠의 PRIMED 인격교육론』(공역), 『어린이 도덕교육의 새로운 관점』(공역)(2019 세종학술도서), 『윤리적 감수성』(공역), 『윤리적 판단력』(공역), 『윤리적 실천』(공역), 『윤리적 동기부여』(공역) 등이 있다. 논문으로는 뉴럴링크와 인공지능윤리, 기계윤리 및 신경윤리학 관점에서 본 인공도덕행위자(AMA) 도덕성 기준과 초등도덕교육의 과제, 도덕교육신경과학, 그 가능성과 한계: 과학화와 신화의 갈림길에서, 사이코패스(Psychopath)에 대한 신경생물학적 이해와 치유 및 도덕 향상으로서의 초등도덕교육, 복잡계와 뇌과학으로 바라본 인격 특성과 도덕교육의 패러다임 전환 등 다수가 있다. 저자는 도덕교육, 인격교육, AI윤리교육, 신경도덕교육 등에 관심을 갖고 연구하고 있다.

AI 시대
대한민국
교육 변혁

미국 교육을 통해 한국 교육 현장을 보다

초판인쇄 2024년 9월 10일
초판발행 2024년 9월 10일

지은이 박형빈
펴낸이 채종준
펴낸곳 한국학술정보(주)
주 소 경기도 파주시 회동길 230(문발동)
전 화 031-908-3181(대표)
팩 스 031-908-3189
홈페이지 http://ebook.kstudy.com
E-mail 출판사업부 publish@kstudy.com
등 록 제일산-115호(2000. 6. 19)

ISBN 979-11-7217-515-3 93370